TRAINING

Gymnasium

Deutsch – Gedichtanalyse

9./10. Klasse

Sabina Zieglgänsberger

STARK

Bildnachweis

Umschlagbild: altmodern/Istock
Vorwort: © Liliya Shlapak – Fotolia.com
S. 3 (Buch): © ssstocker/123RF
S. 3 (Springerin): © godruma/123RF
S. 25 (Skater): Bika_Ambon/iStockphoto
S. 25 (Buchstabenkugel): Orla/Shutterstock.com
S. 36/37 (Musikanten, Bauer): © Erica Guilane-Nachez – Fotolia.com
S. 51 (Jongleur): © Ruslan Baranov/123RF
S. 57 (Buch): © Vladimir Prusakov – Fotolia.com
S. 58: torky/123RF Stockfoto
S. 67: torky/123RF Stockfoto
S. 79 (Segelschiff mit Mädchen): © Cienpies Design/123RF
S. 91 (Abgrund): © inimal Graphic/123RF
S. 91 (Tänzerin): © Evgenii Naumov/123RF
S. 107: © Pavlo Vinnyk/Dreamstime.com

Textnachweis

S. 6: Gottfried Benn: Schöne Jugend, in: Gottfried Benn: Morgue und andere Gedichte. Jubiläumsausgabe zum 100. Jahrestag der Erstveröffentlichung. Stuttgart: Klett-Cotta 2012.

S. 12: Ernst Jandl: sommerlied, in: Ernst Jandl: Poetische Werke, Bd. 5, München: Luchterhand Literaturverlag 1997

S. 12: Bertolt Brecht: Vom armen B. B., in: Bertolt Brecht: Hauspostille, Frankfurt am Main: Suhrkamp 1927.

S. 43: Robert Gerhardt (1937–2006): Materialien zu einer Kritik der bekanntesten Gedichtform italienischen Ursprungs, Zweitausendeins Feldafing 1981.

S. 56: Fritz W. Bernstein: Apokalypsen-Programm, Verlag Antje Kunstmann, München 2003.

S. 57: Günter Eich: Inventur, in: Günter Eich: Inventur, Frankfurt am Main: Suhrkamp 1981.

S. 59, 129: Bruno Hillebrand: Und über allem. In: Bruno Hillebrand: Reale Verse. Frankfurt am Main: S. Fischer 1972.

S. 64: Paul Celan: Todesfuge, in: Paul Celan: Der Sand aus den Urnen, Wien Verlag 1948.

S. 70: Hermann Hesse: Höhe des Sommers. In: Hermann Hesse: Sämtliche Werke in 20 Bänden und einem Registerband. Bd. 10: Die Gedichte. Frankfurt am Main: Suhrkamp 2002.

Hinweis: Behutsame Modernisierung in Typografie und Rechtschreibung bei älteren Texten, insbesondere bei Barockgedichten.

Inhalt

Autorin: Sabina Zieglgänsberger

Vorwort

Liebe Schülerin, lieber Schüler,

man sollte „alle Tage wenigstens [...] ein gutes Gedicht lesen“, so kann man es bei Johann Wolfgang von Goethe in *Wilhelm Meisters Lehrjahre* nachlesen. Auch in den Lehrplänen ist die Lektüre von lyrischen Werken fester Bestandteil. Dennoch schrecken viele Schülerinnen und Schüler vor Gedichtanalysen zurück: Die Angst vor falscher Interpretation, scheinbar willkürlicher Beurteilung oder einfach die Furcht, den lyrischen Text nicht zu verstehen, sind dabei häufig genannte Ursachen. Jedoch ist die Analyse und Interpretation von Gedichten keine unlösbare Aufgabe und gleicht oft ganz schlicht dem **Knacken einer Nuss**. Wenn man weiß, wie und wo man bei der Schale ansetzen muss, kann man diese auch leicht aufbrechen und zum Kern gelangen!

Dieses Buch gibt dir Schritt für Schritt eine übersichtliche Anleitung für die Gedichtanalyse in der 9./10. Klasse. Dabei werden dir auf verständliche Weise Fachbegriffe und Strategien vermittelt, die zu einer erfolgreichen Gedichtanalyse führen. Gezielte Übungen, Hilfestellungen und Tipps geben zusätzliche Sicherheit im Umgang mit den lyrischen Texten. So kannst **du jede „lyrische Nuss“ knacken**!

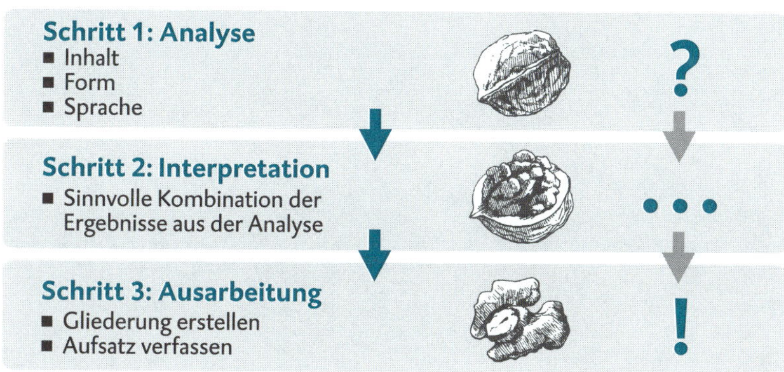

Folgendes bietet dir das Buch:

- Übersichtliche **Wissenskästen** und **Grafiken** stellen wichtige Lerninhalte heraus und verschaffen dir einen guten Überblick über jeden Themenbereich.
- Einprägsame **Tipps** und anschauliche **Beispiele** helfen dir dabei, die Lerninhalte wirklich zu verstehen und auch anwenden zu können.
- Abwechslungsreiche **Übungen** zu den verschiedenen Aspekten eines Gedichts unterstützen dich beim Festigen des gelernten Stoffs.

- Damit du deinen Leistungsstand **selbst überprüfen** kannst, gibt es nach jedem Kapitel einen **Test**. Versuche, ihn in der vorgegebenen Zeit zu bearbeiten.
- Im hinteren Teil des Buches findest du **ausführliche Lösungsvorschläge** zu allen Übungen und Tests. Vielleicht erscheinen dir einige der Lösungen so „perfekt“, dass du denkst: „So würde ich das nie schaffen!“ Lass dich aber nicht entmutigen! Wenn du die Lösungen aufmerksam liest, erhältst du viele Anregungen, wie du dich geschickt ausdrücken und die Aufgaben gut lösen kannst.

Viel Spaß beim Üben und viel Erfolg in deinen nächsten Klassenarbeiten!

Sabina Zieglgänsberger

Was ist Lyrik?

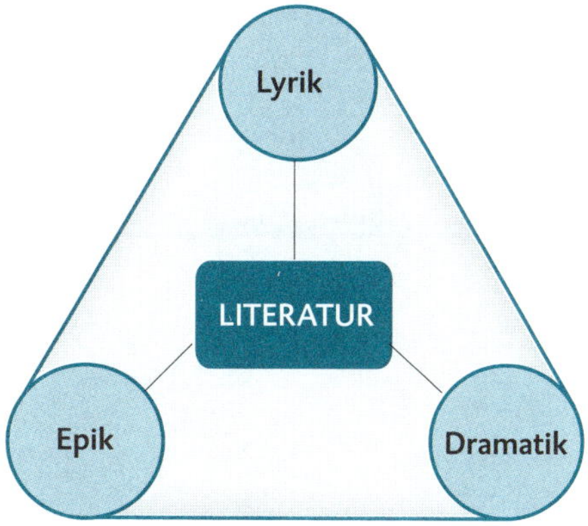

Was bedeutet eigentlich Lyrik? Diese Frage ist nicht so einfach zu beantworten, weil der Begriff geschichtlich betrachtet unterschiedliche Bedeutungen hatte und auch noch heute keine einheitliche Definition existiert. Im antiken Griechenland bezeichnete man beispielsweise alle zur Lyra (ein Musikinstrument, gr. *lyra* = Leier) vorgetragenen Verse als Lyrik. Seit dem 18. Jahrhundert jedoch wird die **Lyrik** neben der **Epik** und **Dramatik** zu den drei literarischen Hauptgattungen gezählt, die zusammen die klassische **„Gattungstrias“** bilden.

Lyrik bezeichnet heute somit die **Gesamtheit aller Gedichte**. Dementsprechend wird ein einzelnes Werk aus der Lyrik als Gedicht bezeichnet. Dass sich allerdings die Zuordnung eines Werks zu der lyrischen Gattung manchmal als schwierig erweisen kann, zeigen Grenzfälle wie die Ballade oder die Verserzählung. Die Unterscheidung zwischen den literarischen Gattungen ist also nicht immer trennscharf. Gedichte weisen jedoch im Allgemeinen meist folgende Kennzeichen auf:

- Sie sind **liedhaft** und haben eine **klangliche Ausgestaltung**.
- Sie besitzen eine **Versstruktur** und weichen von der Alltagssprache ab.
- Sie haben ein **lyrisches Ich** (Sprecher des Gedichts), das nicht mit dem Autor übereinstimmt.
- Sie sind **kurz** und haben eine große **sprachliche Dichte**.

Vorsicht: Es müssen nicht alle Merkmale gleichzeitig zutreffen! Die Ballade beispielsweise hat eine liedhafte Struktur und ist in Versen verfasst, ist aber häufig relativ lang. Außerdem gibt es z. B. Gedichte, in denen bewusst Alltagssprache verwendet wird.

Schritt 1 A:
Analyse – Inhaltliche Ebene

Bevor du mit einer schriftlichen Interpretation eines lyrischen Textes beginnst, ist eine analytische Vorarbeit zu leisten. Hierbei untersuchst du in Schritt 1 die folgenden Ebenen des Gedichts:

- Inhalt
- Form
- Sprache

TIPP

In Abhängigkeit von der zur Verfügung stehenden Zeit und der konkreten Aufgabenstellung solltest du abwägen, wie genau du die einzelnen Aspekte der drei Ebenen untersuchst.

Dieses erste Kapitel zur Analyse zeigt einen sinnvollen Zugang zur inhaltlichen Ebene von Gedichten.

1 Titel, Entstehungsjahr, Autor

Jede Analyse beginnt mit einer ersten Lektüre des Gedichts. Doch schon bevor du den eigentlichen lyrischen Text überhaupt liest, kannst du oft einige Aussagen über ein Gedicht treffen und dir so das Lesen erleichtern.

Wissen

Schon **Titel, Entstehungsjahr und Autor** (gelegentlich auch Widmungen) geben erste Hinweise zu dem vorliegenden lyrischen Text und vereinfachen den Einstieg:

- **Titel** deuten häufig auf den thematischen Kern (Gegenstand, Person, Zeit, Ort oder Anlass) des Gedichts hin, können aber auch bewusst einen Kontrast zum Text bilden und so Spannung zum Gedicht aufbauen.
- Die Einordnung des Gedichts in eine **literarische Epoche** (Entstehungsjahr) hilft oft, Schreibstil oder Zeitbezüge besser zu verstehen, und ermöglicht so eine tiefer gehende Interpretation. Aber nicht immer lassen sich Epochenmerkmale finden.
- Wissen über den **Autor** und seine **Biografie** kann bei einzelnen Gedichten nützlich sein und die Interpretation stützen. Es darf aber **auf keinen Fall** der Sprecher des Gedichts mit dem Autor gleichgesetzt werden.

TIPP

Jedes Vorwissen kann bei der späteren Analyse nützlich sein. Besonders interessant für die Interpretation ist der Titel des Gedichts, da er bereits Bestandteil des lyrischen Textes ist. Er sollte möglichst in die Interpretation einbezogen werden.

Beispiel

- 1616–1664 in Glogau
- bedeutender Dichter des Barock
- geprägt vom 30-jährigen Krieg
- thematisiert oft Vergänglichkeit, Verfall und „Eitelkeit“ (= Nichtigkeit angesichts der Vergänglichkeit)

Überlegungen über die Zeit
- Gedanken über Lebenszeit?
- Gedanken über mehr Zeit, in der man lebt?

Barockzeit (ca. 1600–1720)
- 30-jähriger Krieg (soziales Elend) und Konfessionsstreit
- starke Jenseitsorientierung
- dualistisches Weltbild
- Mottos: „carpe diem“ (= „Nutze den Tag!“) und „memento mori“ (= „Gedenke, dass du sterblich bist!“)

ANDREAS GRYPHIUS

Betrachtung der Zeit (1663)

Mein sind die Jahre nicht, die mir die Zeit genommen;
Mein sind die Jahre nicht, die etwa möchten kommen;
Der Augenblick ist mein, und nehm ich den in Acht,
So ist der mein, der Jahr und Ewigkeit gemacht.

1 Sammle in kurzen Stichpunkten so viele Informationen wie möglich über die Gedichte *Mondnacht* und *Schöne Jugend* (Text 1 und 2), ohne die Texte zu lesen. Notiere Sie jeweils neben dem Gedicht. Formuliere auch deine Leseerwartung, die sich für dich aus dem Titel ergibt (→ Heft).

Text

Text 1
JOSEPH VON EICHENDORFF (1788–1857)
Mondnacht (1837)

Es war, als hätt der Himmel
Die Erde still geküßt,
Daß sie im Blütenschimmer
Von ihm nun träumen müßt.

Die Luft ging durch die Felder,
Die Ähren[1] wogten sacht[2],
Es rauschten leis die Wälder,
So sternklar war die Nacht.

Und meine Seele spannte
Weit ihre Flügel aus,
Flog durch die stillen Lande,
Als flöge sie nach Haus.

Worterklärungen:
1 *Ähre:* oberster Teil des Getreidehalms
2 *sacht:* sanft

Text 2
GOTTFRIED BENN (1886–1956)
Schöne Jugend (1912)

Der Mund eines Mädchens, das lange im Schilf gelegen hatte,
sah so angeknabbert aus.
Als man die Brust aufbrach, war die Speiseröhre so löcherig.
Schließlich in einer Laube unter dem Zwerchfell
fand man ein Nest von jungen Ratten.
Ein kleines Schwesterchen lag tot.
Die anderen lebten von Leber und Niere,
tranken das kalte Blut und hatten
hier eine schöne Jugend verlebt.
Und schön und schnell kam auch ihr Tod:
Man warf sie allesamt ins Wasser.
Ach, wie die kleinen Schnauzen quietschten!

2 Lies nun die Gedichte *Mondnacht* und *Schöne Jugend* (Text 1 und 2) und vergleiche sie mit deiner Leseerwartung.

Text 1 – Vergleich Titel und Inhalt	Text 2 – Vergleich Titel und Inhalt

2 Inhalt des Gedichts

Nun geht es an die gründlichere Lektüre des Gedichts: Mindestens zwei- bis dreimal solltest du den Text aufmerksam und sorgfältig (jedes Wort ist wichtig) lesen, um einen **inhaltlichen Überblick** zu bekommen. Zur Orientierung im Gedicht ist es hilfreich, einen **Fragenkatalog** zu benutzen, um die thematischen Beobachtungen für die spätere Interpretation festzuhalten. Auch wenn in der schriftlichen Ausarbeitung nicht alle Beobachtungen gebraucht werden, kann dir der Fragenkatalog wichtige Anhaltspunkte dafür liefern.

Wissen

Fragenkatalog zum Inhalt eines Gedichts:

- Worum geht es in dem Gedicht?
- Was beschreibt/erzählt/berichtet das Gedicht? Geht es beispielsweise mehr um ein äußeres Geschehen oder um ein inneres Erleben?
- Gibt es einen zeitlichen Bezugspunkt, Verlauf oder eine Entwicklung im Gedicht?
- Spielt sich das im Gedicht Beschriebene an einem bestimmten Ort ab? Gibt es eine spezielle Perspektive?

Ziel in diesem frühen Analysestadium ist es vor allem, sich in dem lyrischen Text **inhaltlich zu orientieren** sowie eine **erste Grobgliederung** (z. B. Anfang, Hauptteil, Schluss/Fazit, Argumentationsverlauf, etc.) vorzunehmen.

3 Untersuche den Inhalt der Gedichte *Mondnacht* und *Schöne Jugend* (Text 1 und 2, S. 5 f.), indem du den Fragenkatalog durchgehst. Notiere deine Ergebnisse in deinem → Heft.

a) Worum geht es jeweils in den Gedichten *Mondnacht* und *Schöne Jugend*?

b) Was beschreiben/erzählen/berichten die Gedichte *Mondnacht* und *Schöne Jugend* jeweils? Geht es beispielsweise mehr um ein äußeres Geschehen oder um ein inneres Erleben?

c) Gibt es einen zeitlichen Bezugspunkt, einen Verlauf oder eine Entwicklung in den Gedichten *Mondnacht* und *Schöne Jugend*? Beschreibe diese Aspekte gegebenenfalls kurz.

d) Spielt sich das im Gedicht Beschriebene an einem bestimmten Ort ab? Gibt es eine spezielle Perspektive? Beschreibe diese Aspekte gegebenenfalls kurz.

Bei der ersten Orientierung kann dir zudem eine **erste grobe inhaltliche Gliederung** der einzelnen Strophen oder Textteile nützlich sein und den Zugang zu einem Gedicht erleichtern:

Beispiel

Mondnacht

Es war, als hätt der Himmel
Die Erde still geküßt,
Daß sie im Blütenschimmer
Von ihm nun träumen müßt.

▶ Vergleich der Natursituation mit einer (Liebes-)Beziehung zwischen Himmel und Erde

Die Luft ging durch die Felder,
Die Ähren wogten sacht,
Es rauschten leis die Wälder,
So sternklar war die Nacht.

▶ Der Wind streift über die Landschaft in der sternenklaren Nacht.

Und meine Seele spannte
Weit ihre Flügel aus,
Flog durch die stillen Lande,
Als flöge sie nach Haus.

▶ Perspektivenwechsel von der Landschaft zu „meine Seele" und zu einem inneren Sehnsuchtsausdruck

4 Gliedere das Gedicht *Der Fischer* inhaltlich. Formuliere zu jedem Abschnitt kurz und knapp den Inhalt.

Text

Text 3

JOHANN WOLFGANG VON GOETHE (1749–1832)

Der Fischer (1779)

Das Wasser rauscht', das Wasser schwoll,
Ein Fischer saß daran,
Sah nach dem Angel ruhevoll,
Kühl bis ans Herz hinan.
Und wie er sitzt und wie er lauscht,
Teilt sich die Flut empor;
Aus dem bewegten Wasser rauscht
Ein feuchtes Weib hervor.

Sie sang zu ihm, sie sprach zu ihm:
„Was lockst du meine Brut
Mit Menschenwitz und Menschenlist
Hinauf in Todesglut?

Ach wüßtest du, wie's Fischlein ist
So wohlig auf dem Grund,
Du stiegst herunter, wie du bist,
Und würdest erst gesund.

Labt sich die liebe Sonne nicht,
Der Mond sich nicht im Meer?
Kehrt wellenatmend ihr Gesicht
Nicht doppelt schöner her?
Lockt dich der tiefe Himmel nicht,
Das feuchtverklärte Blau?
Lockt dich dein eigen Angesicht
Nicht her in ew'gen Tau?"

Das Wasser rauscht', das Wasser schwoll,
Netzt' ihm den nackten Fuß;
Sein Herz wuchs ihm so sehnsuchtsvoll,
Wie bei der Liebsten Gruß.
Sie sprach zu ihm, sie sang zu ihm;
Da war's um ihn geschehn:
Halb zog sie ihn, halb sank er hin,
Und ward nicht mehr gesehn.

3 Das lyrische Ich

Eng verknüpft mit der inhaltlichen Analyse ist immer die Frage nach dem **Sprecher** im Gedicht. Dieser wird üblicherweise als **lyrisches Ich** (auch: artikulierendes Ich, poetischer Sprecher oder lyrisches Subjekt) bezeichnet. Diese klare Abgrenzung von Verfasser und Sprecherinstanz wurde in der Literaturwissenschaft im 20. Jahrhundert eingeführt, um ein analytisches Werkzeug für Deutungen zu haben, die Gedichte nicht biografisch auslegen wollen. Im lyrischen Text bleibt das sprechende Ich **oft ohne Namen und Profil**, da häufig der **vermittelte Gefühlsausdruck** im Vordergrund steht.

Wissen

Es gibt verschiedene **Typen des lyrischen Ichs:**

- Das **lyrische Ich** ist klar **erkennbar** durch z. B. Personal- oder Possessivpronomen in der ersten Person. Wenn der Sprecher im Plural auftritt, dann kann man von einem **lyrischen „Wir"** sprechen.
- Das **lyrische Ich** tritt **nicht erkennbar** im Gedicht auf und spricht aus dem „Off" über Personen, Lebenswirklichkeit, Natur etc. Hier bietet sich besonders die Bezeichnung **lyrisches Subjekt** oder Sprecherinstanz an.
- Das **lyrische Ich** schlüpft in eine bestimmbare **Rolle** (Rollenlyrik); Rollenträger können gewisse Typen (Schäfer, der Liebende o. ä.), mythologische Figuren oder bestimmte Personen sein (oft hilft hier bereits der Gedichttitel).

Beispiel

Ich hab meine Tante geschlachtet,
Meine Tante war alt und schwach;
Ich hatte bei ihr übernachtet
Und grub in den Kisten-Kasten nach.

▶ In diesem Gedicht („Der Tantenmörder" von Frank Wedekind) handelt es sich um ein klar erkennbares **lyrisches Ich**.

Verflossen ist das Gold der Tage,
Des Abends braun und blaue Farben:
Des Hirten sanfte Flöten starben
Des Abends blau und braune Farben
Verflossen ist das Gold der Tage.

▶ In diesem Gedicht („Rondel" von Georg Trakl) tritt **kein lyrisches Ich erkennbar** auf.

Bedecke deinen Himmel, Zeus,
Mit Wolkendunst!
Und **übe**, Knaben gleich,
Der Diesteln köpft,
An Eichen dich und Bergeshöhn!

▶ In diesem Gedicht („Prometheus" von Johann Wolfgang von Goethe) spricht das lyrische Ich in der **Rolle** des Prometheus.

TIPP

Die Gleichsetzung von lyrischem Ich und Autor ist immer problematisch (auch wenn sie manchmal – z. B. im autobiografischen Erlebnisgedicht – naheliegt). Selbst ein biografisch nachweisbares Erlebnis geht stets nur in überformter und verdichteter Gestalt in ein Gedicht ein.

5 Bestimme anhand der folgenden Gedicht(ausschnitt)e den Sprechertypus und beschreibe kurz den lyrischen Sprecher.

Text 4
AUGUST STRAMM (1874–1915)
Patrouille (1915)

Die Steine feinden
Fenster grinst Verrat
Äste würgen
Berge Sträucher blättern raschlig
Gellen[1]
Tod.

- ☐ lyrisches Ich klar fassbar
- ☐ lyrisches „Wir“ klar fassbar
- ☐ kein lyrisches Ich fassbar
- ☐ lyrisches Ich als Rollen-Ich

Worterklärung:
1 *gellen:* durchdringend tönen

Beschreibung des lyrischen Sprechers:

Text 5
JOHANN WOLFGANG VON GOETHE (1749–1832)
Der Schatzgräber (1797, Auszug)

Arm am Beutel, krank am Herzen,
Schleppt ich meine langen Tage.
Armut ist die größte Plage,
Reichtum ist das höchste Gut!
Und, zu enden meine Schmerzen,
Ging ich, einen Schatz zu graben.
Meine Seele sollst du haben!
Schrieb ich hin mit eignem Blut.

- ☐ lyrisches Ich klar fassbar
- ☐ lyrisches „Wir“ klar fassbar
- ☐ kein lyrisches Ich fassbar
- ☐ lyrisches Ich als Rollen-Ich

Beschreibung des lyrischen Sprechers:

___

___

___

Text 6

ERNST JANDL (1925–2000)

sommerlied (1954)

wir sind die menschen auf den wiesen
bald sind wir menschen unter den wiesen
und werden wiesen, und werden wald
das wird ein heiterer landaufenthalt

- ☐ lyrisches Ich klar fassbar
- ☐ lyrisches „Wir" klar fassbar
- ☐ kein lyrisches Ich fassbar
- ☐ lyrisches Ich als Rollen-Ich

Beschreibung des lyrischen Sprechers:

___

___

___

___

___

___

Text 7

BERTOLT BRECHT (1898 –1956)

Vom armen B. B. (1922, Auszug)

Ich, Bertolt Brecht, bin aus den schwarzen Wäldern.
Meine Mutter trug mich in die Städte hinein
Als ich in ihrem Leibe lag. Und die Kälte der Wälder
Wird in mir bis zu meinem Absterben sein.

In der Asphaltstadt bin ich daheim. Von allem Anfang
Versehen mit jedem Sterbsakrament[1]:
Mit Zeitungen. Und Tabak. Und Branntwein.
Mißtrauisch und faul und zufrieden am End

Worterklärung:
1 *Sakrament:* zeichenhafte Handlung, in der die Gnade Gottes übermittelt wird, z. B. vor dem Tod im Sterbesakrament

- [ ] lyrisches Ich klar fassbar
- [ ] lyrisches „Wir“ klar fassbar
- [ ] kein lyrisches Ich fassbar
- [ ] lyrisches Ich als Rollen-Ich

Beschreibung des lyrischen Sprechers:

____

____

____

____

____

____

4 Der Adressat

Nicht selten lässt sich in einem Gedicht ein Gegenüber finden, an das das lyrische Ich seine Rede und Gedanken richtet. Dieser **Adressat** muss aber nicht zwingend in einem Gedicht auszumachen sein. Man kann verschiedene Typen eines **Adressatenbezugs** im Gedicht unterscheiden. Der lyrische Sprecher kann sich beispielsweise direkt an den Leser wenden und so bewusst die **Fiktion des Gedichts durchbrechen**. Zumeist jedoch verbleibt der Bezug zum Adressaten innerhalb des lyrischen Textes und die Kommunikationssituation zwischen dem lyrischen Ich und dem Du findet auf **derselben fiktiven** Ebene statt.

Wissen

Formen des Adressatenbezugs

- Der Adressat ist der **Leser**. Dies ist häufig der Fall, wenn im Gedicht jemand angesprochen wird, aber kein anderes Gegenüber identifiziert werden kann.
- Der Adressat lässt sich **klar im Text** durch konkrete Anrede, Widmungen oder im Titel **erkennen**.
- Der **Adressat** ist das **lyrische Ich selbst**. Der Sprecher spricht sich selbst, seine Seele oder sein Herz an. In manchen Gedichten kann die **Selbstanrede** verallgemeinert werden und so repräsentativ für jeden Menschen stehen.
- Es ist **kein Adressat** erkennbar: Der Dichter stellt das lyrische Ich in keine konkrete Kommunikationssituation.

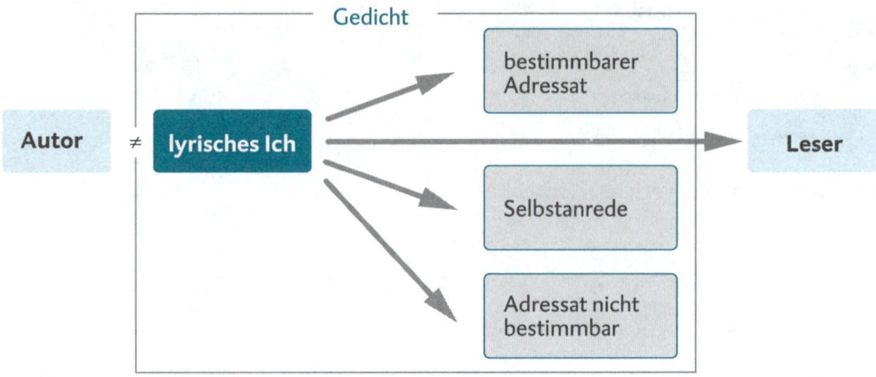

TIPP

Bestimmbare Adressaten können nicht nur Menschen sein, sondern auch Gottheiten, Gegenstände, Abstrakta (z. B. die Weisheit) oder Naturphänomene.

Beispiel

Weißt **du**, was in dieser Welt
Mir am meisten wohlgefällt?
Daß die Zeit sich selbst verzehret
Und die Welt nicht ewig währet.
Friedrich von Logau: Das Beste der Welt

▶ Als Adressat kommt hier nur der **Leser** in Betracht.

Elis, wenn die Amsel im schwarzen Wald ruft,
Dieses ist **dein** Untergang.
Deine Lippen trinken die Kühle des blauen Felsenquells.
Aus: Georg Trakl: An den Knaben Elis

▶ Der **Adressat** ist **klar erkennbar** – er wird im Gedichttitel und im Text selbst mit Namen angesprochen.

Sei dennoch unverzagt, **gib** dennoch unverloren,
Weich keinem Glücke nicht, **steh** höher als der Neid,
Vergnüge dich an **dir** und **acht** es für kein Leid,
Hat sich gleich wider **dich** Glück, Ort und Zeit verschworen.
Aus: Paul Fleming: An sich

▶ Hier handelt es sich um eine **Selbstanrede**. Darauf weist der Gedichttitel „An sich" hin.

Das ist die Not der schweren Zeit!
Das ist die schwere Zeit der Not!
Das ist die schwere Not der Zeit!
Das ist die Zeit der schweren Not!
Adelbert von Chamisso: Kanon

▶ In diesem kurzen Gedicht ist **kein Adressat** erkennbar.

Für die Analyse und Interpretation ist es zudem wichtig, die **Sprechabsicht**, die **Haltung** und die **Beziehung des lyrischen Ichs zum Adressaten** näher zu bestimmen.

Wissen

Folgende **Sprechabsichten bzw. Haltungen** sind beispielsweise denkbar:

- Liebesbekundung
- Bewunderung
- Verehrung
- Lob
- Ermutigung
- Bitte
- Belehrung
- Enttäuschung
- Vorwurf
- Klage
- Bekenntnis
- Distanz
- Kritik/Tadel
- Aufforderung
- etc.

Folgende **Beziehungen zwischen lyrischem Ich und Adressat** kommen häufig vor:

- Liebe
- Abhängigkeit
- Verwandtschaft
- Freundschaft
- Gott – Mensch
- etc.

TIPP

Auch die **Intensität des Anredegestus**, also wie stark oder schwach das Ich mit dem Du in Kontakt tritt, ist zu berücksichtigen. Besonders interessant ist es, wenn sich innerhalb eines Gedichts diese Haltung des lyrischen Ichs verändert.

6 Lies das Gedicht *Der Bauer* (Text 8).

a) Bestimme den Adressatenbezug des Gedichts. Beschreibe den Adressaten und seine Beziehung zum lyrischen Ich.

____

____

____

____

____

____

____

____

____

b) Ordne dem Gedicht die passenden Sprechabsichten bzw. Haltungen zu, indem du sie einkreist. Im freien Feld kannst du eine eigene Idee notieren. Begründe deine Entscheidung.

Text

Text 8
GOTTFRIED AUGUST BÜRGER (1747–1794)
Der Bauer (1773)

An seinen Durchlauchtigen Tyrannen

Wer bist du, Fürst, daß ohne Scheu
Zerrollen mich dein Wagenrad,
Zerschlagen darf dein Roß[1]?

Wer bist du, Fürst, daß in mein Fleisch
Dein Freund, dein Jagdhund, ungebläut
Darf Klau'[2] und Rachen[3] hau'n?

Wer bist du, daß, durch Saat und Forst,
Das Hurra deiner Jagd mich treibt,
Entatmet, wie das Wild? –

Die Saat, so deine Jagd zertritt,
Was Roß, und Hund, und Du verschlingst,
Das Brot, du Fürst, ist mein.

Du Fürst hast nicht, bei Egg' und Pflug[4],
Hast nicht den Erntetag durchschwitzt.
Mein, mein ist Fleiß und Brot! –

Ha! du wärst Obrigkeit von Gott?
Gott spendet Segen aus; du raubst!
Du nicht von Gott, Tyrann!

Worterklärungen:

1 *Roß:* Pferd
2 *Klaue:* „Hand" oder „Fuß" eines Tieres
3 *Rachen:* aufgerissenes Maul eines Tieres
4 *Egge und Pflug:* landwirtschaftliche Geräte

Mögliche Sprechabsichten des lyrischen Ichs

- Anklage
- Lob
- Bekenntnis
- Enttäuschung
- Tadel
- Appell
- Belehrung
- Vorwurf
- Liebesbekenntnis
-

Begründung:

____

____

____

____

____

____

5 Motive

Hat man die Grundfragen des Inhalts geklärt, kann es von Bedeutung sein, das Gedicht in einen größeren Zusammenhang zu stellen. In vielen lyrischen Texten lassen sich Grundstrukturen finden, die in der Literatur immer wieder auftauchen und variiert werden. Eine kleinere Einheit dieser wiederkehrenden Strukturen ist das **Motiv**, das als **inhaltliches Grundschema** dient und besonders häufig in lyrischen Texten vorkommt.

Wissen

Ein **Motiv** besitzt keine feststehende Handlung und ist nicht an bestimmte Figuren gebunden, weshalb es auf sehr unterschiedliche Weise entfaltet werden kann. Oft ist das Motiv Ausgangspunkt für Gedanken, Erlebnisse oder Handlungen in einem Gedicht. Motive lassen sich folgendermaßen gruppieren:

Motive in der Literatur

Typusmotiv	Raummotiv	Zeitmotiv	Situationsmotiv
• Einsiedler • Doppelgänger • Herrscher • Geliebte • usw.	• Idylle • Ruine • Stadt • Mond • usw.	• Frühling, Sommer, Herbst, Winter • Morgen, Abend, Nacht • usw.	• Reise • Krieg • Freundschaftsbeweis • Abschied • usw.

Hat man durch Markierung von **Schlüsselwörtern** (der Titel ist hier oft hilfreich!) ein Motiv ausfindig machen können, so gilt es anschließend zu untersuchen, mit welchen Gedanken, Bildern oder Gefühlen es verbunden ist.

TIPP

Es gibt Gedichte, in denen keine Motive vorkommen. Verzweifle also nicht, wenn du in einem Gedicht kein Motiv entdecken kannst. Verschwende am besten nicht zu viel Zeit für die Suche.

Beispiel

ANDREAS GRYPHIUS (1616–1664)

Abend

Der schnelle Tag ist hin; die Nacht schwingt ihre Fahn
Und führt die Sternen auf. Der Menschen müde Scharen
Verlassen Feld und Werk; wo Tier und Vögel waren
Traurt itzt[1] die Einsamkeit. Wie ist die Zeit vertan!

Der Port[2] naht mehr und mehr sich zu der Glieder Kahn.
Gleich wie dies Licht verfiel, so wird in wenig Jahren
Ich, du und was man hat, und was man sieht, hinfahren.
Dies Leben kömmt mir vor als eine Renne-Bahn.

Lass **höchster Gott** mich doch nicht auf dem Laufplatz Gleiten[3],
Lass mich nicht Ach, nicht Pracht, nicht Lust, nicht Angst verleiten!
Dein **ewig-heller Glanz** sei vor und neben mir,

Lass, wenn der müde Leib entschläft, die **Seele** wachen
Und wenn der letzte Tag wird mit mir Abend machen,
So **reiß** mich aus dem Tal der Finsternis **zu dir**.

Der „Abend“ ist das zentrale Motiv (dunkel hinterlegt) – es ist in dunkler, bedrückter Stimmung beschrieben (hell hinterlegt) und wird mit dem „Abend des Lebens“, dem Lebensende, verknüpft (grau hinterlegt), dem ein Hoffen auf das Licht Gottes entgegensetzt wird (**fett formatiert**).

Worterklärungen

1 *itzt:* jetzt
2 *Port:* Hafen (gemeint ist der Hafen des Lebens: der Tod)
3 *gleiten:* hier im Sinne von „ausgleiten/ausrutschen“

TIPP

Häufig werden Motive in den **verschiedenen literarischen Epochen** mit bestimmten Gedanken oder Vorstellungen verknüpft. So steht beispielsweise das **Motiv „Abend“** in barocken Gedichten meist in Zusammenhang mit Vergänglichkeit, Lebensende oder Tod. In der Romantik hingegen ist der Abend oft eine Zeit der Ruhe und Besinnung.

Die Analyse von Motivstrukturen kommt in der Schule meist weniger in Einzelinterpretationen, sondern bei **Gedichtvergleichen** vor, in denen zwei motivähnliche lyrische Texte einander gegenübergestellt werden. Wenn zwei Dichter auf dasselbe Motiv zurückgreifen, dann ist es vor allem aufschlussreich zu beobachten, wie sie es ausgestalten und für ihre eigene Aussage zu nutzen wissen.

7 Finde im Gedicht *Mondnacht* von Eichendorff (Text 1, S. 5) das zentrale Motiv. Markiere dazu im Text die Schlüsselwörter und beschreibe, mit welchen Gedanken, Bildern oder Gefühlen das Motiv verknüpft wird (→ Heft).

8 In dem Gedicht *Ritt im Mondschein* (Text 9) stellt die Mondnacht ebenfalls das zentrale Motiv dar.

a) Markiere auch hier die Schlüsselwörter und erfasse neben dem Text, mit welchen Gedanken, Gefühlen und/oder Bildern das Motiv verknüpft wird.

b) Vergleiche deine Ergebnisse mit den Ergebnissen zum Gedicht *Mondnacht* (Text 1, S. 5) und beschreibe Gemeinsamkeiten und Unterschiede in der Gestaltung des Motivs (→ Heft).

Text

Text 9
ACHIM VON ARNIM (1781–1831)
Ritt im Mondschein (1820)

Herz zum Herzen ist nicht weit
Unter lichten Sternen,
Und das Aug, von Tau geweiht,
Blickt zu lieben Fernen;
Unterm Hufschlag klingt die Welt,
Und die Himmel schweigen,
Zwischen beiden mir gesellt
Will der Mond sich zeigen.

Zeigt sich heut in roter Glut
An dem Erdenrande,
Gleich als ob mit heißem Blut
Er auf Erden lande,
Doch nun flieht er scheu empor,
Glänzt in reinem Lichte,
Und ich scheue mich auch vor
Seinem Angesichte.

Zusammenfassung – Inhaltliche Ebene

Das schrittweise Vorgehen in der Inhaltsanalyse hilft dabei, Zusammenhänge von Gedichten aufzudecken und keine wichtigen Aspekte außer Acht zu lassen.

Wissen

Zusammenfassend sind hier nochmals die wichtigsten **Fragestellungen hinsichtlich des Inhalts** eines Gedichts aufgelistet:

- Geben Titel, Entstehungsjahr, Autor oder Widmungen erste Anhaltspunkte?
  Welche Leseerwartung wecken diese Informationen?
- Worum geht es in dem Gedicht?
  Haben Zeit und/oder Ort eine besondere Bedeutung?
  Lässt das Gedicht eine Gliederung erkennen?
  Gibt es ein Geschehen oder eine Entwicklung im Gedicht?
  Steht der Gefühlsausdruck im Vordergrund?
- Wie stellt sich das lyrische Ich dar?
  Gibt es einen Adressaten und in welcher Beziehung steht er ggf. zum lyrischen Ich?
  Lässt sich eine bestimmte Sprechabsicht bestimmen?
- Gibt es im Gedicht literarische Motive?
  Wie und warum werden die Motive vom Autor verwendet?

Test 1

(Zeitrahmen: 30 Min.)

THEODOR STORM (1817–1888)
Die Stadt (1852)

Am grauen Strand, am grauen Meer
Und seitab liegt die Stadt;
Der Nebel drückt die Dächer schwer,
Und durch die Stille braust das Meer
Eintönig um die Stadt.

Es rauscht kein Wald, es schlägt im Mai
Kein Vogel ohn Unterlaß;
Die Wandergans mit hartem Schrei
Nur fliegt in Herbstesnacht vorbei,
Am Strande weht das Gras.

Doch hängt mein ganzes Herz an dir,
Du graue Stadt am Meer;
Der Jugend Zauber für und für
Ruht lächelnd doch auf dir, auf dir,
Du graue Stadt am Meer.

Untersuche die gesamte inhaltliche Ebene des Gedichts *Die Stadt*. Gehe dabei Schritt für Schritt vor:

1 Welche Informationen kannst du noch vor der ersten Lektüre aus dem Titel, dem Entstehungsjahr und dem Autor gewinnen? Formuliere die Leseerwartung, die sich für dich aus dem Titel ergibt. Rufe dir in Erinnerung, was du über die Epoche und den Autor weißt (sofern du diese kennst). **___ von 3**

Leseerwartung aufgrund des Titels:

____

____

Entstehungszeit / literarische Epoche:

____

____

Autor:

____

____

2 Verschaffe dir nun einen inhaltlichen Überblick über das Gedicht *Die Stadt*, indem du die folgenden Fragen beantwortest:

a) Worum geht es in dem Gedicht? **___ von 2**

b) Was beschreibt/erzählt/berichtet das Gedicht? Geht es beispielsweise mehr um ein äußeres Geschehen oder um ein inneres Erleben? **___ von 2**

c) Prüfe, ob der Gedichtinhalt deiner Leseerwartung entspricht. **___ von 1**

d) Gibt es einen zeitlichen Bezugspunkt, einen Verlauf oder eine Entwicklung im Gedicht? Beschreibe diese Aspekte gegebenenfalls kurz. **___ von 2**

e) Spielt sich das im Gedicht Beschriebene an einem bestimmten Ort ab? Gibt es eine spezielle Perspektive? ____ **von 2**

f) Kann das Gedicht gegliedert werden? Wenn ja, formuliere kurz den Inhalt der einzelnen Abschnitte (mit Versangaben). ____ **von 2**

3 Bestimme in dem Gedicht den Sprechertypus und beschreibe kurz den lyrischen Sprecher. ____ **von 3**

- ☐ lyrisches Ich klar fassbar
- ☐ lyrisches Wir klar fassbar
- ☐ kein lyrisches Ich fassbar
- ☐ lyrisches Ich als Rollen-Ich

Beschreibung des lyrischen Sprechers:

4 Bestimme in dem Gedicht den Adressatenbezug. Beschreibe die Sprechhaltung und den Bezug des lyrischen Sprechers zum Adressaten (sofern eine Beziehung vorhanden ist): ___ **von 3**

- ☐ bestimmbarer Adressat
- ☐ Anrede Leser
- ☐ Selbstanrede
- ☐ kein Adressat bestimmbar

Beschreibung der Sprechhaltung/des Bezugs des Sprechers zum Adressaten:

____

____

____

____

____

____

____

5 Mache in dem Gedicht *Die Stadt* das zentrale Motiv aus. Markiere dazu im Text die entscheidenden Schlüsselwörter und beschreibe, mit welchen Gedanken, Gefühlen und Bildern das Motiv verknüpft wird. ___ **von 5**

____

____

____

____

____

____

____

____

____

Bewertungsvorschlag:

Note 1	Note 2	Note 3	Note 4	Note 5	Note 6
25–20 P.	19–15 P.	15–12 P.	11–8 P.	7–4 P.	unter 4 P.

Schritt 1 B: Analyse – Formale Ebene

Seit der literarischen Epoche des Barock beruht ein großer Teil der deutschsprachigen Lyrik auf einer geregelten Versstruktur und metrischen Ordnungsprinzipien. Eine **klare Definition weniger zentraler Begriffe** und eine **eingeübte Herangehensweise** machen die metrische Analyse von Gedichten für dich zu einer einfachen und schnell lösbaren Aufgabe. Dieses Kapitel befasst sich aber nicht nur mit dem Metrum, sondern auch mit weiteren strukturgebenden Klangmustern von Gedichten wie **Versformen** und **Reimen**. Außerdem wird anschließend in zwei **Gedichtformen** eingeführt.

1 Vers, Metrum und Kadenzen

Schon am Druckbild kannst du erkennen, dass Gedichte eine besondere Form haben: Fast alle lyrischen Texte enthalten feste Zeilenumbrüche, durch die sie eine Versstruktur (eine Zeile = ein Vers) erhalten. Jeder **Vers** ist eine vom Dichter bewusst gesetzte Einheit, die nicht nur äußerlich im Textbild erkennbar ist, sondern v. a. von ihrem **inneren klanglichen Aufbau** geprägt wird.

Wissen

Die innere Lautstruktur vieler Gedichte entsteht durch die regelmäßige Abfolge von betonten Silben (Hebungen) und unbetonten Silben (Senkungen), die das **Metrum**, das **Versmaß**, eines Gedichts ausmacht. Das Versmaß besteht aus zwei oder mehreren Versfüßen. Je nach Anzahl der Hebungen wird ein Vers als **zweihebig, dreihebig** usw. bezeichnet. In der deutschen Sprache lassen sich **vier Versfüße** unterscheiden:

Jambus: × x́

• Zweisilbiger Versfuß	Merkwort: Gedicht
• Silbenabfolge: unbetont/betont	Bsp.: Ich sah, mein Lieb, wie sehr du elend bist *(aus: Heinrich Heine: Lyrisches Intermezzo XVIII)*

Trochäus: x́ ×

• Zweisilbiger Versfuß	Merkwort: Säbel
• Silbenabfolge: betont/unbetont	Bsp.: Unbeglückt muß ich durchs Leben gehen *(aus: Clemens Brentano: Geheime Liebe)*

Daktylus: x́ × ×

• Dreisilbiger Versfuß	Merkwort: Daktylus
• Silbenabfolge: betont/unbetont/unbetont	Bsp.: Höre den Dank deiner glücklichen Seelen *(aus: Friedrich Schiller: Ein Wechselgesang)*

Anapäst: × × ×́

- Dreisilbiger Versfuß
- Silbenabfolge: unbetont/unbetont/betont

Merkwort: Anapäst

Bsp.: Und es wallet und siedet und brauset und zischt

(aus: Friedrich Schiller: Der Taucher)

9 Kreuze für die folgenden Worte an, ob sie eine jambische, trochäische, daktylische oder eine anapästische Betonung haben.

Worte	Jambus	Trochäus	Daktylus	Anapäst
Elefant	☐	☐	☐	☐
Ananas	☐	☐	☐	☐
Tulpe	☐	☐	☐	☐
Untergang	☐	☐	☐	☐
Gefahr	☐	☐	☐	☐
ausverkauft	☐	☐	☐	☐
Arbeit	☐	☐	☐	☐
zuletzt	☐	☐	☐	☐
Paradies	☐	☐	☐	☐
Wasser	☐	☐	☐	☐

Die Bestimmung von metrischen Mustern erfolgt über drei Stufen:

1 Silben im Vers markieren

Zunächst wird jede Silbe im Vers mit einem × versehen.

× × × × × × × ×
Wie strahlet ihr im Morgenschein,
× × × × × × × ×
Du rosig Kind, der Blütenbaum
× × × × × × × ×
Und dieser Brunnen, frisch und rein –
× × × × × × × ×
Ein schön'res Kleeblatt gibt es kaum.

Die Verse dieses Gedichts von Gottfried Keller besitzen acht Silben.

2 Betonung der Silben bestimmen In diesem Schritt wird festgestellt, ob die Silben betont (×́) oder unbetont (×) sind.	
× ×́ × ×́ × ×́ × ×́ Wie strahlet ihr im Morgenschein, × ×́ × ×́ × ×́ × ×́ Du rosig Kind, der Blütenbaum × ×́ × ×́ × ×́ × ×́ Und dieser Brunnen, frisch und rein – × ×́ × ×́ × ×́ × ×́ Ein schön'res Kleeblatt gibt es kaum.	Jeder Vers in diesem Gedicht besitzt vier betonte Silben, die sich mit unbetonten Silben abwechseln.
3 Versfüße finden Nun heißt es, die metrischen Muster (= Versfüße) in den Silbenbetonungen zu erkennen. Die Abfolge von betonten und unbetonten Silben ist dabei entscheidend.	
Jambus Jambus Jambus Jambus × ×́ × ×́ × ×́ × ×́ Wie strahlet ihr im Morgenschein, × ×́ × ×́ × ×́ × ×́ Du rosig Kind, der Blütenbaum × ×́ × ×́ × ×́ × ×́ Und dieser Brunnen, frisch und rein – × ×́ × ×́ × ×́ × ×́ Ein schön'res Kleeblatt gibt es kaum.	Das Versmaß dieses Gedichts ist der vierhebige Jambus.

TIPP

Immer wieder kommt es vor, dass die Silbenzahl nicht ganz aufgeht (fehlende oder überzählige Silbe[n] am Versende). Maßgebend für die richtige Bestimmung des Metrums ist das metrische Grundmuster, bei dem man von solchen Besonderheiten absehen kann.

10 Bestimme das Metrum der folgenden Verse, indem du den drei Stufen folgst.

Wir betreten feuertrunken Himmlische, dein Heiligtum.	→	______
Da ergreift's ihm die Seele mit Himmelsgewalt, Und es blitzt aus den Augen ihm kühn, Und er siehet erröten die schöne Gestalt […].	→	______
Wollt ihr die Freiheit, so seid keine Knechte. Wollt ihr das Gute, so schaffet das Rechte.	→	______

Als jüngst die Nacht dem sonnenmüden Land Der Dämmrung leise Boten hat gesandt, Da lag ich einsam noch in Waldes Moose.	→	______________________

Wissen

Der regelmäßige Wechsel von betonten und unbetonten Silben im Jambus und im Trochäus heißt **Alternation**. Endet ein Vers mit einer Hebung, so spricht man von einer **männlichen Kadenz** (= Versschluss). Diese wirkt meist eher eindringlich und hart. Endet ein Vers mit einer Senkung, so spricht man von einer **weiblichen Kadenz**. Diese wirkt eher weich und harmonisch. Es kommt häufig vor, dass der **letzte Versfuß** eines Verses **nicht vollständig** ist oder dass der Vers **eine Silbe mehr** hat. So kann beispielsweise ein Jambus am Ende gekürzt sein und eine (eigentlich untypische) weibliche Kadenz haben.

Beispiel

× x́ | × x́ | x́ x́ | × x́
Noch wandert er; doch hinter ihm

× x́ | × x́ | × x́ | × x́ ×
Schon liegen längst die blauen Berge

▶ Das Gedicht *Letzte Einkehr* von Theodor Storm hat einen vierhebigen Jambus. Der erste Vers schließt mit einer männlichen Kadenz, der zweite dagegen mit einer weiblichen (überzählige Silbe). Das metrische Schema wirkt durch die Alternation dynamisch, aber weich.

11 Bestimme das Versmaß und die Kadenzen in den folgenden Versen.

Text

Text 10
DETLEV VON LILIENCRON (1844–1909)
Der Blitzzug (Auszug)

Quer durch Europa von Westen nach Osten
Rüttert und rattert die Bahnmelodie.
Gilt es die Seligkeit schneller zu kosten?
Kommt er zu spät an im Himmelslogis[1]?

Kadenzen:

V. 1: ☐ weiblich ☐ männlich
V. 2: ☐ weiblich ☐ männlich
V. 3: ☐ weiblich ☐ männlich
V. 4: ☐ weiblich ☐ männlich

Worterklärung

1 *Logis:* Unterkunft

Metrum: ______________________

____

____

Text

Text 11
CHRISTIAN FR. D. SCHUBART (1739–1791)
Die Forelle (Auszug)

In einem Bächlein helle,
Da schoß in froher Eil
Die launige Forelle
Vorüber wie ein Pfeil.

Kadenzen:

V. 1: ☐ weiblich ☐ männlich
V. 2: ☐ weiblich ☐ männlich
V. 3: ☐ weiblich ☐ männlich
V. 4: ☐ weiblich ☐ männlich

Metrum: ____________________

Text

Text 12
GOTTFRIED AUGUST BÜRGER (1747–1794)
Spinnerlied (Auszug)

Hurre, hurre, hurre!
Schnurre, Rädchen, schnurre!
Trille, Rädchen, lang und fein,
Trille fein ein Fädelein,
Mir zum Busenschleier.

Kadenzen:

V. 1: ☐ weiblich ☐ männlich
V. 2: ☐ weiblich ☐ männlich
V. 3: ☐ weiblich ☐ männlich
V. 4: ☐ weiblich ☐ männlich
V. 5: ☐ weiblich ☐ männlich

Metrum: ____________________

Text

Text 13
ANDREAS GRYPHIUS (1616–1664)
Menschliches Elende (Auszug)

Was sind wir Menschen doch! Ein Wohnhaus grimmer[1] Schmerzen,
Ein Ball des falschen Glücks, ein Irrlicht dieser Zeit,
Ein Schauplatz herber Angst, besetzt mit scharfem Leid,
Ein bald verschmelzter Schnee und abgebrannte Kerzen.

Worterklärung

1 *grimm:* schrecklich

Kadenzen:

V. 1: ☐ weiblich ☐ männlich
V. 2: ☐ weiblich ☐ männlich
V. 3: ☐ weiblich ☐ männlich
V. 4: ☐ weiblich ☐ männlich

Metrum: ____________________

Wissen

Der **Rhythmus eines Gedichts** ist nicht mit seinem Metrum gleichzusetzen, wenn er auch von diesem mitgeprägt wird. Texte können beispielsweise durch die Durchbrechung des Metrums, durch Reime oder Stilfiguren (etwa durch die Anapher) oder auch durch den Satzbau eine rhythmische Strukturierung erfahren. Jeder lyrische Text besitzt einen völlig eigenen Rhythmus, der ihn stilistisch formt. Auch wenn der Dichter den Rhythmus seines Gedichts gestaltet, so wird dieser doch auch durch die individuelle Lesart zusätzlich beeinflusst. Beispielsweise mit den folgenden Begriffen kann der individuelle Rhythmus von Gedichten beschrieben werden:

- fließend
- strömend
- tänzerisch
- stoßend
- stockend
- träge
- fallend
- steigend

TIPP

Im Vers können sich auch rhythmische Einschnitte, sogenannte **Zäsuren** (im Metrum mit „|" markiert), finden, die den Sprechfluss stauen und längere Verse untergliedern.

12 Halte fest, welche der folgenden Begriffe jeweils den Rhythmus der Gedichte *Blitzzug, Die Forelle, Spinnerlied* und *Menschliches Elende* (Text 10, 11, 12 und 13, S. 29 ff.) am besten beschreiben. Begründe deine Zuordnung.

WORTSPEICHER

fließend • strömend • tänzerisch • stoßend • stockend • träge • fallend • steigend

Der Blitzzug:

Die Forelle:

Spinnerlied:

____

____

____

____

____

Menschliches Elende:

____

____

____

____

____

Einigen für die Dichtung sehr **bedeutsamen Versfußkombinationen** hat man Namen gegeben. Einer der bekanntesten ist der Alexandriner.

Alexandriner x x́ x x́ x x́ | x x́ x x́ x x́ [x]	
• Sechshebiger Jambus mit **fester Zäsur** (= Einschnitt) nach dem dritten Versfuß • Besonders in der **Barockdichtung** sehr beliebt	Beispiel: Ist Liebe lauter nichts | wie daß sie mich entzündet? *(Martin Opitz: Francisci Petrarchae)*

13 Entscheide, welches der vier Gedichte *Der Blitzzug, Die Forelle, Spinnerlied* und *Menschliches Elende* (Text 10, 11, 12 und 13, S. 29 ff.) aus Alexandrinern besteht. Markiere im Gedichttext die Zäsuren.

In den meisten Fällen ist das Metrum von Gedichten **regelmäßig**. Bei der Bestimmung des metrischen Schemas können allerdings mitunter Schwierigkeiten auftreten, die auf Abweichungen in der Abfolge der Betonungen zurückzuführen sind. Diesen **Besonderheiten des Metrums** muss in der Analyse Beachtung geschenkt werden, da sie nicht selten bewusst eingesetzt werden.

Wissen

Metrische Besonderheiten und Abweichungen

- Als **Auftakt** bezeichnet man eine oder zwei Senkungen am Versanfang, die vor der ersten Hebung stehen. Jambus und Anapäst haben demnach immer einen Auftakt. Von Bedeutung ist es insbesondere, wenn eine zusätzliche Senkung am Versanfang das regelmäßige metrische Schema eines Gedichts durchbricht.
- Die **Senkungsfreiheit** (auch: **Füllungsfreiheit**) erlaubt es in alternierenden Versen, zusätzliche unbetonte Silben einzuschieben. Häufig wird damit rhythmische Eintönigkeit vermieden. Die Senkungsfreiheit ist für Lieder der Romantik typisch.
- Bei einer **Tonbeugung** werden Silben wegen ihrer natürlichen Betonung oder ihres Sinns im Gedichtkontext betont, obwohl das metrische Schema dies nicht vorsieht. Beim Lesen „stolpert" man daher über die Textstelle, die auf diese Weise besonders hervorgehoben wird.

Beispiel

Es war einst ein König in Thule
Gar treu bis an das Grab,
Dem sterbend seine Buhle
Einen goldnen Becher gab.

Die weitgehend jambischen Verse dieses Auszugs aus dem Goethe-Gedicht *Der König in Thule* haben **alle einen Auftakt**. Im **letzten Vers** handelt es sich um einen **Auftakt mit zwei Senkungen**, der das metrische Schema durchbricht.

Ich wandel**te** unter **den** Bäumen
Mit meinem Gram allein;
Da kam das alte Träumen,
Und schlich mir **ins** Herz hinein.

Das jambische Grundschema ist in diesem titellosen Gedicht von Heinrich Heine durch **zusätzliche Senkungen** aufgelockert.

Der Nebel drückt die Dächer schwer,
Und durch die Stille braust das Meer
Eintönig um die Stadt.

Diese Verse aus Theodor Storms *Die Stadt* sind ebenfalls vom Jambus geprägt. Im dritten Vers allerdings findet sich eine **Tonbeugung**, da die Betonung des Wortes „eintönig" eine Hebung in der ersten Silbe erfordert. Durch die metrische Abweichung wird das Wort hervorgehoben.

TIPP

Es gibt auch Gedichte, die kein **regelmäßiges metrisches Schema** haben. Besonders in moderner Lyrik wird häufig ganz auf Metrum und Reim verzichtet. Aber auch schon Klopstock, Novalis oder Hölderlin haben sich zum Teil vom strengen Versmaß gelöst. Findet man in einem Gedicht kein metrisches Muster, so handelt es sich um **freie Verse** oder **freie Rhythmen.**

14 Lies noch einmal das Gedicht *Der Bauer* (Text 8, S. 16) und untersuche es im Hinblick auf metrische Besonderheiten und Abweichungen. Fülle dann auf dieser Grundlage die Lücken in dem folgenden Text, der die Wirkung des metrischen Schemas und der Abweichungen beschreibt.

Das metrische Schema wirkt durch die regelmäßigen __________ kraftvoll und geradlinig. Die durchgehend __________ Kadenzen, mit denen die Verse schließen, verleihen dem Gesagten __________. So wird die leidenschaftliche __________ des Adressaten (des Fürsten bzw. Tyrannen) durch das lyrische Ich (den Bauer) noch __________. Jambische Verse haben in der Regel einen __________. Dieser wird in „Der Bauer“ jedoch teilweise durch __________ aufgelöst (vgl. z. B. V. 1, 13, 15, 16). Sie werden in vielen Versen bei der Anrede des Fürsten verwendet, sodass der direkte Vorwurf an diesen Adressaten besonders __________ wird. An anderer Stelle wird eine Tonbeugung eingesetzt, um die Besitzansprüche des lyrischen Ichs bzw. der Bauern allgemein zu verdeutlichen (vgl. V. ____). Durch die Abweichungen vom __________ Schema wird zudem die Unmittelbarkeit der flammenden Rede verstärkt.

2 Reim

Nicht nur das Metrum ist eine wichtige klangliche Struktur in einem Gedicht, sondern auch der **Reim** gibt lyrischen Texten ein **klangliches Gefüge**. Reime treten meist am Versende auf (Endreim), können aber auch am Anfang (Anfangsreim) oder innerhalb eines Verses (Binnenreim) stehen.

Wissen

Reime entstehen durch den **Gleichklang zweier Wörter ab dem Vokal der letzten betonten Silbe:** *Feder – Leder; Gehirn – Stirn; verständigen – bändigen.* Dabei ist allein der **Klang der Wörter** entscheidend, **nicht das Schriftbild**. So reimt sich beispielsweise auch *Takt* auf *nackt* oder *sehr* auf *Meer*. Bei Wörtern, die ab dem letzten Vokal nicht ganz genau gleich klingen, sondern nur einen ähnlichen Klang aufweisen, spricht man von einem **unreinen Reim:** *beide – Seite; feiern – steuern.*

Um eine Ordnung in den Endreimen zu erkennen, untersucht man zunächst den gesamten lyrischen Text auf seine **Reimfolge** und versieht jedes gleich klingende **Versende mit demselben Kleinbuchstaben (a, b, c …)**. Dieser muss mindestens zweimal vorkommen, damit ein Reim vorliegt. Bleibt ein Versende ohne gereimten „Partner", so handelt es sich um eine **Waise (×)**.

Wissen

Reimfolgen bzw. Reimschemata:

Paarreim (zwei aufeinander folgende Reime)	Es ist schon spät, es ist schon kalt, Was reit'st du einsam durch den Wald? Der Wald ist lang, du bist allein, Du schöne Braut! Ich führ' dich heim! *(aus: Joseph von Eichendorff: Waldgespräch)*	a a b b
Haufenreim (mehrere aufeinander folgende Endreime)	Und Schein und Feuer, Fackeln rot und Brand, Die drohn im Weiten mit gezückter Hand Und scheinen hoch von dunkler Wolkenwand. *(aus: Georg Heym: Die Stadt)*	a a a
umarmender Reim (ein Reimpaar umfasst [„umarmt"] ein anderes Reimpaar)	Es sang vor langen Jahren Wohl auch die Nachtigall, Das war wohl süßer Schall, Da wir zusammen waren. *(aus: Clemens Brentano: Der Spinnerin Nachtlied)*	a b b a
Kreuzreim (zwei miteinander gekreuzte Reimpaare)	Sein Blick ist vom Vorübergehn der Stäbe so müd geworden, dass er nichts mehr hält. Ihm ist, als ob es tausend Stäbe gäbe und hinter tausend Stäben keine Welt. *(aus: Rainer Maria Rilke: Der Panther)*	a b a b
Schweifreim (nach einem Reimpaar reimen sich der 3. mit dem 6. Vers sowie der 4. mit dem 5. Vers)	Der Mond ist aufgegangen, Die goldnen Sternlein prangen Am Himmel hell und klar; Der Wald steht schwarz und schweiget, Und aus den Wiesen steiget Der weiße Nebel wunderbar. *(aus: Matthias Claudius: Abendlied)*	a a b c c b

15 Untersuche die Reimfolge in den folgenden Gedichten, indem du Reime am Versende mit entsprechenden Kleinbuchstaben versiehst, und ordne diese dann – wenn möglich – einem Reimschema zu.

Text 14
GOTTHOLD EPHRAIM LESSING (1729–1781)
Die Ewigkeit gewisser Gedichte

Verse, wie sie Bassus schreibt, ____
Werden unvergänglich bleiben: – ____
Weil dergleichen Zeug zu schreiben, ____
Stets ein Stümper übrig bleibt. ____

Reimschema: ______________________

Text 15
JOSEPH VON EICHENDORFF (1788–1857)
Wünschelrute

Schläft ein Lied in allen Dingen, ____
Die da träumen fort und fort, ____
Und die Welt hebt an zu singen, ____
Triffst du nur das Zauberwort. ____

Reimschema: ______________________

Text 16
DETLEV VON LILIENCRON (1844–1909)
Die Musik kommt (Auszug)

Klingling, bumbum und tschingdada, ____
Zieht im Triumph der Perserschah[1]? ____
Und um die Ecke brausend bricht's ____
Wie Tubaton[2] des Weltgerichts, ____
    Voran der Schellenträger. ____

Worterklärungen

1 *Schah:* Titel eines persischen Herrschers
2 *Tubaton:* Ton der Tuba (Blasinstrument)

Reimschema: ______________________

Text

Text 17
Aus: DES KNABEN WUNDERHORN
Der Fürstentochter Tod (Auszug)

Es fuhr gen Acker ein grober Baur, _____
Arbeitet wacker[1] im Schweiß so sau'r, _____
Im Frühling, Märzen, Mai, April, _____
Im Feld standen der Blümlein viel, _____
Die ihn anlachten in der Still. _____

Worterklärungen
1 *wacker:* tüchtig, tapfer

Reimschema: ____________________

Der Reim gibt dem Dichter die Möglichkeit, die Inhalte seines Textes zu stützen (und gelegentlich auch mit der Sprache zu spielen). Daher ist für eine gute Interpretation die richtige Bestimmung von Reimfolgen allein noch nicht aussagekräftig genug. In Verbindung mit den anderen Kategorien der Analyse (Inhalt, Bildlichkeit usw.) können Reime im Gedicht verschiedene **Funktionen** haben:

Wissen

- Reime unterstützen die **Einheitlichkeit und Einprägsamkeit** von Gedichten. Klangliche „Ungereimtheiten" (z. B. unreine Reime) können die Einheit stören.
- Reime tragen zum **künstlerischen und klanglichen Gesamteindruck** eines Gedichts bei und können diesem daher eine (dis)harmonische Grundstimmung verleihen.
- Reime können **bestimmte Wörter** aneinanderbinden und so beispielsweise eine inhaltliche Einheit **hervorheben**.
- Reime können **strukturierend** wirken – so bildet z. B. der umarmende Reim eine stärkere Einheit als zwei aufeinander folgende Paarreime.

16 Bestimme in Text 18 und 19 die Reimfolge. Unterstreiche unreine Reime.

Text 18
JOHANN GEORG GREFLINGER (um 1620–1677)
Gegensatz (Auszug)

An eine sehr häßliche Jungfrau

Graues Haar voll Läus und Nisse[1],
Augen von Scharlach, voll Flüsse,
Blaues Maul voll kleiner Knochen,
Halb verrost und halb zerbrochen.

[...]

Du bist so ein Alabaster[2]
Als ein wohlberegntes Pflaster,
Aller Ungestalt ein Spiegel,
Aller Schönen Steigebügel[3].

Worterklärungen

1 *Nisse:* Eier von bestimmten Lausarten
2 *Alabaster:* marmorähnliche Gips-Art
3 *Steigebügel:* Fußstütze für Reiter (u. a. als Hilfe beim Aufsteigen)

Text 19
CHRISTIAN FR. HEBBEL (1813–1863)
Nachtlied

Quellende, schwellende Nacht,
  Voll von Lichtern und Sternen:
  In den ewigen Fernen,
Sage, was ist da erwacht!

Herz in der Brust wird beengt,
  Steigendes, neigendes Leben,
  Riesenhaft fühle ich's weben,
Welches das meine verdrängt.

Schlaf, da nahst du dich leis,
  Wie dem Kinde die Amme,
  Und um die dürftige Flamme
Ziehst du den schützenden Kreis.

17 Überlege, wie der Klang der Reime in den Gedichten *Gegensatz* und *Nachtlied* (Text 18 und 19) wirkt. Markiere deinen Eindruck auf der nachfolgenden Skala mit einem Kreuz und begründe anschließend kurz deine Entscheidung. Gibt es einen Zusammenhang zwischen der Reimgestaltung und dem Inhalt?

Die Reime im Gedicht *Gegensatz* wirken …

sehr harmonisch ●———————————————● unharmonisch

Begründung:

Die Reime im Gedicht *Nachtlied* wirken …

sehr harmonisch ●———————————————● unharmonisch

Begründung:

Während Reime bis ins frühe 20. Jahrhundert in der Lyrik weit verbreitet waren, finden sich in modernen Gedichten nicht mehr so häufig Reime.

3 Besondere Gedichtformen: Sonett und Ballade

Es gibt Gedichte, deren Strophen einem bestimmten Aufbau folgen. So handelt es sich bei der sogenannten Volksliedstrophe typischerweise um eine vierversige Strophe, die meist von einem drei- oder vierhebigen Jambus und von Kreuzreim geprägt ist. Nicht nur einzelne Strophen, sondern auch **ganze Gedichte** können nach einem formal geregelten Bauplan gestaltet sein. Ein **festgelegtes Strukturschema**, das unter anderem Metrum, Reim- und Strophenform sowie Zeilenzahl bestimmen kann, gibt dann die Gestalt des gesamten lyrischen Textes vor. Für die Zuordnung eines Gedichts zu einer bestimmten **Gedichtform** (auch als **lyrische Untergattung** bezeichnet) sind aber auch weniger starre Kriterien relevant, wie beispielsweise **inhaltliche Merkmale**. Eine der beliebtesten und am häufigsten verwendeten Untergattungen in der deutschsprachigen Lyrik ist das **Sonett**.

Wissen

Die lyrische Untergattung **Sonett** stammt ursprünglich aus dem Italienischen und hat recht eindeutige **strukturelle Kennzeichen:**

- Ein Sonett hat **14 Verse**.
- Die meisten Sonette bestehen aus zwei vierversigen Strophen, den **Quartetten**, und zwei darauf folgenden dreiversigen Strophen, den **Terzetten** (gelegentlich findet man auch das englische Sonett mit drei Quartetten und einem Zweizeiler).
- Das Grundschema der Reimordnung ist **abba abba cde cde**, das allerdings gerne v. a. in den Terzetten variiert wird.
- Das Metrum ist nicht festgelegt, aber es finden sich meist **alternierende Verse** (v. a. Jamben). Im Barock war zudem der **Alexandriner** sehr beliebt.
- Reim und Strophenanordnung markieren äußerlich eine formale **Trennung zwischen den Quartetten und Terzetten**, die sich in der Regel **auch im Inhalt widerspiegelt**. Typisch ist für das Sonett – insbesondere in der Epoche des Barock – ein **antithetischer Aufbau** (d. h. der Aufbau von Gegensätzen).

Beispiel

ANDREAS GRYPHIUS (1616–1664)
Abend

Quartett 1

Der schnelle Tag ist hin; die Nacht schwingt ihre Fahn
Und führt die Sternen auf. Der Menschen müde Scharen
Verlassen Feld und Werk; wo Tier und Vögel waren,
Traurt itzt[1] die Einsamkeit. Wie ist die Zeit vertan!

Quartett 2

Der Port[2] naht mehr und mehr sich zu der Glieder Kahn.
Gleich wie dies Licht verfiel, so wird in wenig Jahren
Ich, du und was man hat, und was man sieht, hinfahren.
Dies Leben kömmt mir vor als eine Renne-Bahn.

Terzett 1

Lass, höchster Gott! mich doch nicht auf dem Laufplatz gleiten[3],
Lass mich nicht Ach, nicht Pracht, nicht Lust, nicht Angst verleiten!
Dein ewig-heller Glanz sei vor und neben mir,

Terzett 2

Lass, wenn der müde Leib entschläft, die Seele wachen
Und wenn der letzte Tag wird mit mir Abend machen,
So reiß mich aus dem Tal der Finsternis zu dir.

In den Quartetten (umarmender Reim) wird der Gedanke an die Vergänglichkeit und das Ende des eigenen Lebens ausgeführt.

In den Terzetten (Schweifreim) wird diesem Gedanken die Hoffnung auf Errettung durch Gott entgegengesetzt.

Worterklärungen

1 *itzt:* jetzt
2 *Port:* Hafen (gemeint ist der Hafen des Lebens: der Tod)
3 *gleiten:* hier im Sinne von „ausgleiten/ausrutschen"

18 Markiere zunächst in verschiedenen Farben, welche Stellen in dem folgenden Gedicht von Hofmannswaldau (Text 20) zum Themenfeld der *Schönheit* und welche zum Themenfeld der *Vergänglichkeit* gehören. Formuliere dann eine Einschätzung zu der Frage, ob die im Titel des Sonetts angedeutete Antithese von *Schönheit* und *Vergänglichkeit* sich im formalen Aufbau widerspiegelt.

Text

Text 20
CHRISTIAN HOFMANN VON HOFMANNSWALDAU (1616–1679)
Vergänglichkeit der Schönheit (um 1695)

Es wird der bleiche Tod mit seiner kalten Hand
Dir endlich[1] mit der Zeit um deine Brüste streichen,
Der liebliche Korall[2] der Lippen wird verbleichen,
Der Schultern warmer Schnee wird werden kalter Sand;

Der Augen süßer Blitz[3], die Kräfte deiner Hand,
Für welchen solches fällt, die werden zeitlich weichen.
Das Haar, das itzund[4] kann des Goldes Glanz erreichen,
Tilgt[5] endlich Tag und Jahr als ein gemeines Band.

Der wohlgesetzte Fuß, die lieblichen Gebärden,
Die werden teils zu Staub, teils nichts und nichtig werden,
Denn opfert keiner mehr der Gottheit deiner Pracht.

Dies und noch mehr als dies muß endlich untergehen,
Dein Herze kann allein zu aller Zeit bestehen,
Dieweil es die Natur aus Diamant gemacht.

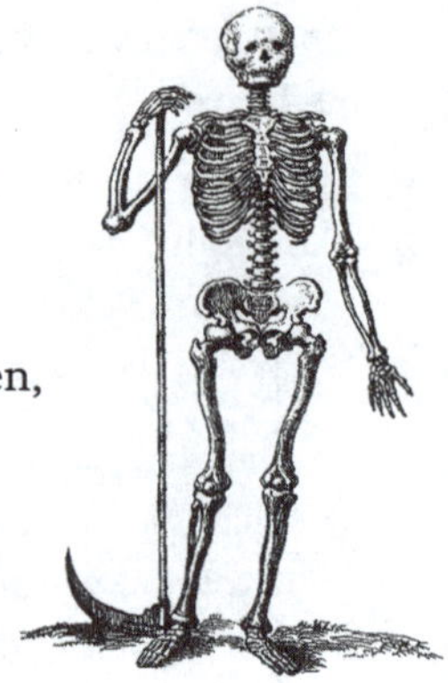

Worterklärungen:
1 *endlich:* schließlich
2 *Korall:* Rot
3 *Blitz:* Blick
4 *itzund:* jetzt
5 *tilgen:* beseitigen, auslöschen

Einschätzung:

TIPP

Das „klassische" Sonett ist formal durch einen relativ strengen Aufbau bestimmt. Allerdings gibt es auch immer wieder individuelle Variationen. Dichter wollen häufig nicht einfach nur möglichst genau ein Schema „(er)füllen", sondern gehen damit kreativ um. Falls ein Gedicht nicht genau dem Schema bzw. den gängigen Merkmalen der Gedichtform entspricht, ist es besonders aussagekräftig, wie und warum der Dichter davon abweicht.

19 Kreuze an, welche typischen Merkmale eines Sonetts das Gedicht *Materialien zu einer Kritik der bekanntesten Gedichtform italienischen Ursprungs* (Text 21) aufweist. Erläutere dann unter dem Gedicht, inwieweit die Wahl der Sonettform und der Inhalt zusammenpassen.

- ☐ 14 Verse
- ☐ Strophen lassen sich in zwei Quartette und zwei Terzette unterteilen
- ☐ Typische Reimordnung (Grundschema: abba abba cde cde)
- ☐ Meist alternierendes Versmaß (v. a. Jamben)
- ☐ Formale Trennung (Reim, Strophenanordnung) spiegelt sich im Inhalt wider

Text 21
ROBERT GERNHARDT (1937–2006)
Materialien zu einer Kritik der bekanntesten Gedichtform italienischen Ursprungs (1981)

Sonette find ich sowas von beschissen,
so eng, rigide, irgendwie nicht gut;
es macht mich ehrlich richtig krank zu wissen,
daß wer Sonette schreibt. Daß wer den Mut

hat, heute noch so 'n dumpfen Scheiß zu bauen;
allein der Fakt, daß so ein Typ das tut,
kann mir in echt den ganzen Tag versauen.
Ich hab da eine Sperre. Und die Wut

darüber, daß so 'n abgefuckter Kacker
mich mittels seiner Wichserein blockiert,
schafft in mir Aggressionen auf den Macker.

Ich tick nicht, was das Arschloch motiviert.
Ich tick es echt nicht. Und will's echt nicht wissen:
Ich find Sonette unheimlich beschissen.

Verhältnis von Form und Inhalt:

Neben dem Sonett lassen sich noch **weitere besondere Gedichtgattungen** benennen, die für die deutsche Lyrikgeschichte bedeutsam sind. Durch einen besonders erhabenen Ton und große Ernsthaftigkeit zeichnet sich die Ode aus. Hymnen sind sehr feierlich und dienen dem Lobgesang. Bei der Elegie handelt es sich um eine Gedichtform, die häufig für klagende Gefühlslyrik genutzt wird. Großer Beliebtheit erfreut sich auch die **Ballade**, die zwar keinen typischen Bau aufweist, aber dennoch eindeutige Kennzeichen hat.

Wissen

Die **Ballade** ist deshalb eine besondere Gattung der Lyrik, weil sie Elemente aus den beiden anderen Großgattungen, aus der **Epik** und aus der **Dramatik**, enthält. Die Ballade ist ein **erzählender Text**, der in Versen, Strophen und Reimen verfasst ist und meist eine szenische Unmittelbarkeit aufweist, die für Theaterstücke typisch ist. In Balladen ist zudem in der Regel kein lyrisches Ich fassbar.

Da die Ballade Merkmale aller drei Großgattungen in sich vereint, wurde sie von Johann Wolfgang von Goethe als **„Ur-Ei" der Dichtung** bezeichnet.

TIPP

Da Balladen **epische, lyrische** und sogar **dramatische** Merkmale aufweisen, sollte dies auch **in der Untersuchung berücksichtigt** werden. Neben der „üblichen" Gedichtanalyse ist daher ein besonderes Augenmerk z. B. auf epische Elemente wie den Handlungsverlauf, die Figurenkonstellation und die Zeitgestaltung zu legen.

20 Prüfe, ob der Text *Erlkönig* von Johann Wolfgang von Goethe (Text 22) lyrische, epische und dramatische Merkmale aufweist. Notiere die Merkmale rechts neben dem Text.

Text 22
JOHANN WOLFGANG VON GOETHE (1749 –1832)
Erlkönig (1782)

Wer reitet so spät durch Nacht und Wind?
Es ist der Vater mit seinem Kind;
Er hat den Knaben wohl in dem Arm,
Er faßt ihn sicher, er hält ihn warm.

Mein Sohn, was birgst du so bang dein Gesicht? –
Siehst, Vater, du den Erlkönig nicht?
Den Erlenkönig mit Kron’ und Schweif? –
Mein Sohn, es ist ein Nebelstreif. –

„Du liebes Kind, komm, geh mit mir!
Gar schöne Spiele spiel’ ich mit dir;
Manch’ bunte Blumen sind an dem Strand,
Meine Mutter hat manch’ gülden Gewand.“ –

Mein Vater, mein Vater, und hörest du nicht,
Was Erlenkönig mir leise verspricht? –
Sei ruhig, bleibe ruhig, mein Kind!
In dürren Blättern säuselt der Wind. –

„Willst, feiner Knabe du mit mir gehn?
Meine Töchter sollen dich warten[1] schön;
Meine Töchter führen den nächtlichen Reihn[2]
Und wiegen und tanzen und singen dich ein.“

Mein Vater, mein Vater, und siehst du nicht dort
Erlkönigs Töchter am düstern Ort? –
Mein Sohn, mein Sohn, ich seh’ es genau;
Es scheinen die alten Weiden so grau. –

„Ich liebe dich, mich reizt deine schöne Gestalt;
Und bist du nicht willig, so brauch’ ich Gewalt.“ –
Mein Vater, mein Vater, jetzt faßt er mich an!
Erlkönig hat mir ein Leids getan! –

Dem Vater grauset’s; er reitet geschwind,
Er hält in Armen das ächzende Kind,
Erreicht den Hof mit Mühe und Not;
In seinen Armen das Kind war tot.

Lyrische Merkmale

Epische Merkmale

Dramatische Merkmale

Worterklärungen

1 *dich warten:* für dich sorgen 2 *Reihn:* Reigen (ein Tanz)

21 Erläutere kurz, warum es sich bei Goethes *Erlkönig* (Text 22, S. 45) um eine Ballade handeln muss (→ Heft).

Balladen lassen sich in **Volks- und Kunstballaden** untergliedern. Volksballaden sind mündlich und nur durch das „Volk" überliefert. Hingegen besitzen Kunstballaden (fast alle Balladen ab Mitte des 18. Jahrhunderts) einen namentlich bekannten Autor. Stofflich lassen sich die folgenden **Typen** unterscheiden:

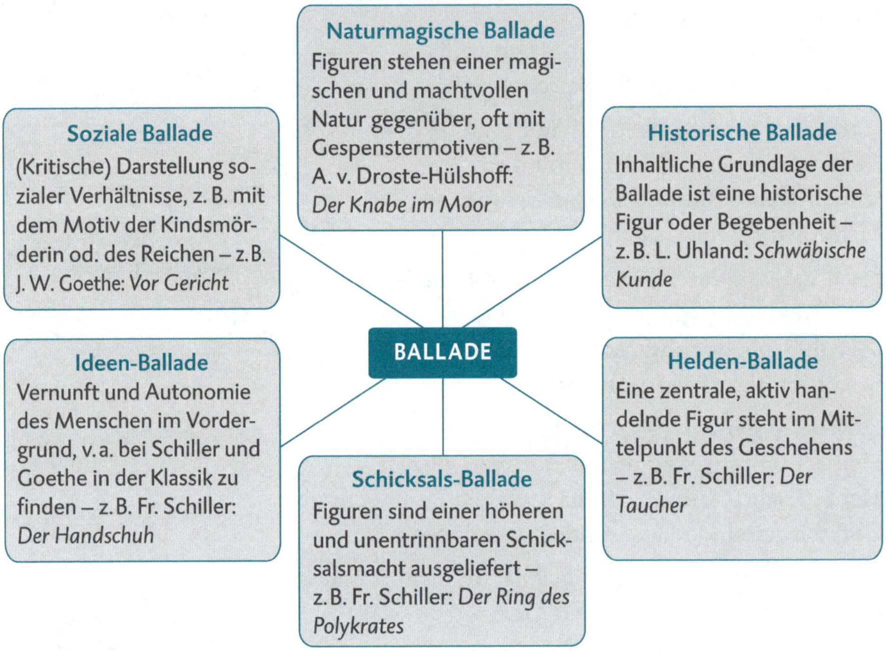

TIPP

Balladen entsprechen **nicht immer dieser klaren Einteilung**, da es sich meist um eine **Mischform** handelt. So finden sich beispielsweise stoffliche Überschneidungen wie historische Schicksalsballaden oder naturmagische Heldenballaden. Dennoch ist es hilfreich, diese Typologie zu kennen.

22 Ordne Goethes Ballade *Erlkönig* (Text 22, S. 45) typologisch ein und begründe deine Einordnung (→ Heft).

- ☐ Soziale Ballade
- ☐ Naturmagische Ballade
- ☐ Historische Ballade
- ☐ Helden-Ballade
- ☐ Schicksals-Ballade
- ☐ Ideen-Ballade

Zusammenfassung – Formale Ebene

Auf der zweiten Analyseebene wurden nun die formalen Eigenschaften und Besonderheiten von Gedichten betrachtet. Dieser Schritt zeigt, wie außerordentlich ausgefeilt lyrische Texte sind, da sie ihre Form stets mit viel Bedacht erhalten haben. Daher ist bei der Interpretation von Gedichten deren genaue Analyse wichtig: Form und Inhalt stehen in lyrischen Texten immer in einem engen Zusammenhang und sind als Einheit zu begreifen.

Wissen

Zusammenfassend sind hier nochmals die wichtigsten **Fragestellungen hinsichtlich der Form** eines Gedichts aufgelistet:

- Besitzt das Gedicht eine regelmäßige metrische Struktur?
  Gibt es bestimmbare Versfüße?
  Wie lässt sich der individuelle Rhythmus beschreiben?
- Ist das Gedicht in Reimen verfasst?
  Was für eine Reimfolge liegt vor?
- Kann das Gedicht in Strophen oder Abschnitte eingeteilt werden?
- Lässt sich der lyrische Text einer Gedichtform bzw. lyrischen Gattung zuordnen?
- Gibt es Besonderheiten oder außergewöhnliche Variationen in Metrum, Reimstruktur, Strophen- oder Gedichtform?
- Wie ist die gesamte formale Ebene mit dem Inhalt des Gedichts verknüpft?

Test 2

(Zeitrahmen: 30 Min.)

THEODOR STORM (1817–1888)
Die Stadt (1852)

Am grauen Strand, am grauen Meer
Und seitab liegt die Stadt;
Der Nebel drückt die Dächer schwer,
Und durch die Stille braust das Meer
Eintönig um die Stadt.

Es rauscht kein Wald, es schlägt im Mai
Kein Vogel ohn Unterlaß;
Die Wandergans mit hartem Schrei
Nur fliegt in Herbstesnacht vorbei,
Am Strande weht das Gras.

Doch hängt mein ganzes Herz an dir,
Du graue Stadt am Meer;
Der Jugend Zauber für und für
Ruht lächelnd doch auf dir, auf dir,
Du graue Stadt am Meer.

Untersuche die gesamte formale Ebene des Gedichts *Die Stadt*. Gehe dabei Schritt für Schritt vor:

1 Untersuche das Gedicht *Die Stadt* hinsichtlich des Metrums, indem du die Silben und Hebungen markierst. Kreuze an, welches Metrum das Gedicht dominiert. Notiere darunter die Hebungszahl. ___ **von 3**

- ☐ Jambus
- ☐ Trochäus
- ☐ Anapäst
- ☐ Daktylus
- ☐ kein dominantes Metrum

Hebungszahl: ____________________

2 Bestimme die Kadenzen in dem Gedicht. ___ **von 2**

____

3 Prüfe das Gedicht im Hinblick auf metrische Besonderheiten. Notiere sie mit Angabe des Verses und beschreibe ihre Wirkung. ___ von 3

4 Untersuche die rhythmische Wirkung des Gedichts. Unterstreiche in der folgenden Aufzählung die Begriffe, die dir passend erscheinen, den individuellen Rhythmus des Gedichts zu charakterisieren. Ergänze gegebenenfalls noch eigene Beschreibungen und begründe deine Entscheidung kurz. ___ von 3

WORTSPEICHER

fließend • tänzerisch • stockend • fallend • strömend • stoßend • träge • steigend

Gegebenenfalls eigene Ergänzung:

Begründung:

5 Stelle kurz Überlegungen dazu an, ob und wie das metrische Schema, die Kadenzen, der individuelle Rhythmus und die Abweichungen vom metrischen Schema zum Inhalt des Gedichts passen. ___ von 3

____

____

____

____

____

6 Bestimme die Reimfolge der drei Strophen. ___ **von 5**

Strophe 1: __________ Strophe 2: __________ Strophe 3: __________

Beschreibe Besonderheiten der Reime und der Reimfolge sowie ihre Wirkung bzw. ihren Zusammenhang mit dem Inhalt.

____

____

____

____

____

____

____

____

____

7 Lässt sich Storms lyrischer Text der Gedichtform des Sonetts oder der Ballade zuordnen? Begründe deine Entscheidung kurz. ___ **von 1**

____

____

____

____

Bewertungsvorschlag:

Note 1	Note 2	Note 3	Note 4	Note 5	Note 6
20–16 P.	15–13 P.	12–10 P.	9–7 P.	6–4 P.	unter 4 P.

Schritt 1 C: Analyse – Sprachliche Ebene

Betrachtet man die Sprache lyrischer Texte, so fallen sofort einige Besonderheiten ins Auge, die vom alltäglichen Sprachgebrauch abweichen. In Gedichten herrschen sozusagen **eigene sprachliche Regeln**, die sich zum Teil nur innerhalb des konkreten Textzusammenhangs erschließen lassen. In diesem Kapitel übst du, die wichtigsten **Besonderheiten poetischer Sprache zu erkennen und zu benennen**. Du erlernst ein methodisches Vorgehen, mit dem du ein vorher schwer verständliches Gedicht schnell aufschlüsseln kannst. Folgende Bereiche der poetischen Sprache stehen im Mittelpunkt:

1 Satzbau und Stilfiguren auf der Satzebene

Verse sind kein Ergebnis beliebigen Schreibens, sondern einer vom Autor mit Bedacht gewählten sprachlichen Gestaltung. Im Zusammenhang mit dem Satzbau ist es zunächst einmal interessant, die **Verszeilen mit den Satzgefügen zu vergleichen**, da beide für sich gesehen die sprachliche Darbietung im Gedicht gliedern. Wichtige Fachbegriffe sind hier der **Zeilenstil** und das **Enjambement**.

Wissen

Zeilenstil:

- Sätze stimmen weitgehend mit den einzelnen Verszeilen überein.
- Verse schließen in der Regel mit einem Satzzeichen (oder zumindest mit einem syntaktischen Einschnitt) und stehen insofern im Einklang mit dem Satzbau.
- meist kurze, einfache Sätze
- wirkt meist ausgeglichen und legt gleichmäßigen Redefluss nahe

Enjambement (= Zeilensprung):

- Satz und Verszeile stimmen nicht überein – die begonnenen Sätze „springen“ in den nächsten Vers.
- Spannung zwischen Satz und Vers

- kann stauend und unruhig wirken, aber auch den Redefluss beschleunigen
- Vor allem Zeilensprung über Strophengrenzen hinweg (= **Strophenenjambement**) wirkt eher drängend.

Beispiel

Zeilenstil

War einmal ein Bumerang;
War ein weniges zu lang.
Bumerang flog ein Stück,
Aber kam nicht mehr zurück.
Publikum – noch stundenlang –
Wartete auf Bumerang.

Joachim Ringelnatz: Bumerang

▶ Auch wenn hier beispielsweise in den letzten zwei Versen ein schwaches Enjambement vorliegt, spricht man hier von Zeilenstil, da Vers- und Satzende meist zusammenfallen. Hier unterstreicht der Zeilenstil die **Einfachheit** des Gedichts. Er legt hier einen reihenden Redefluss nahe.

Enjambement

Es dringen Blüten
Aus jedem Zweig
Und tausend Stimmen
Aus dem Gesträuch

Und Freud und Wonne
Aus jeder Brust.

Aus: Johann W. v. Goethe: Maifest

▶ Durch die Enjambements (sogar über eine Strophe hinweg) wird hier der **Redefluss beschleunigt** – dies passt zur überschäumenden Freude des lyrischen Ichs.

TIPP

Oft finden sich **Zeilenstil und Versüberschreitungen** vermischt in lyrischen Texten, wodurch ein individueller Sprachrhythmus entsteht, der meist eng mit der inhaltlichen Aussage verknüpft ist.

23 Markiere in dem Gedicht *Materialien zu einer Kritik der bekanntesten Gedichtform italienischen Ursprungs* (Text 21, S. 43) die Zeilensprünge und entscheide, ob in dem Gedicht Zeilenstil vorherrscht oder Enjambements überwiegen.

☐ Zeilenstil ☐ Enjambements (Zeilensprünge)
☐ Mischung aus Zeilenstil und Zeilensprüngen

Prüfe, ob in dem Gedicht *Materialien zu einer Kritik der bekanntesten Gedichtform italienischen Ursprungs* (Text 21, S. 43) die Satz-Vers-Fügung mit einer inhaltlichen Aussage verknüpft ist. Begründe deine Antwort kurz (→ Heft).

Eine häufige sprachliche Besonderheit von Gedichten ist die Veränderung der üblichen **Stellung der Satzglieder** bzw. die **Auslassung von Satzteilen**.

Wissen

Inversion und Ellipse:

- **Inversion:** Veränderung der üblichen Wortstellung des Satzes – Wirkung: meist **Betonung** des umgestellten Satzglieds, oft zugunsten einer **emotional aufgeladenen Sprechweise**
- **Ellipse:** Auslassung von Satzteilen oder Wörtern (bspw. Prädikat, Pronomen oder Artikel) und so Verknappung auf das Wesentliche – Wirkung: meist **Eindringlichkeit**, starke Emotionalisierung

Beispiel

Inversion

Gewaltig endet so das Jahr
Mit goldnem Wein und Frucht der Gärten.

Aus: Georg Trakl: Verklärter Herbst

▶ Der Begriff „Gewaltig“ ist nach vorne gezogen und wird dadurch besonders **betont**.

Ellipse

In deinen Küssen welche Liebe,
O welche Wonne, welcher Schmerz!

Aus: Johann W. v. Goethe: Willkommen und Abschied

▶ Die Ellipse – es fehlt das Prädikat – verleiht der Aussage eine besondere **Intensität**. Das lyrische Ich scheint von seinen Gefühlen überwältigt zu sein.

24 Im nachfolgenden Text wurden alle Inversionen und Ellipsen des ursprünglichen Gedichts *Meeresstille* von Johann Wolfgang von Goethe beseitigt und umgeschrieben. Schreibe das Gedicht nun selbst wieder um, indem du durch Inversionen und Ellipsen einen (besseren) lyrischen Text herstellst. Vergleiche deine Version mit dem Original (Lösungsteil). Welche Veränderungen bemerkst du?

Text

Text 23
Geänderter Text des Gedichts „Meeresstille“

Tiefe Stille herrscht im Wasser,
Das Meer ruht ohne Regung,
Der Schiffer sieht bekümmert
Glatte Fläche ringsumher.
Keine Luft weht von keiner Seite!
Todesstille herrscht, das ist fürchterlich!
Keine Welle regt sich
in der ungeheueren Weite.

(Original von Johann Wolfgang von Goethe, 1749–1832)

Deine neue Version des Gedichts *Meeresstille*:

____

Bei der Analyse sollte aber nicht nur das Zusammenspiel von Vers und Satz beachtet werden, sondern auch, welche Satzart bzw. was für ein Satzbau vorliegt.

Wissen

Satzarten: Enthalten Gedichte jenseits des üblichen Aussagesatzes viele **Fragen, Aufforderungen, Wünsche** oder **Ausrufe**, so weist dies häufig auf eine gesteigerte Emotionalität im Gedicht hin. Der Gefühlsausdruck und die Redeabsicht des lyrischen Ichs wirken so unmittelbarer und klarer auf den Leser.

Ein häufiges Stilmittel ist die **rhetorische Frage**, bei der der Fragensteller keine Antwort erwartet, sondern bei der die Antwort aus dessen Sicht schon klar ist (Beispiel: „Habe ich es dir nicht gesagt?“). Eine rhetorische Frage dient meist der Verstärkung einer Aussage.

Satzbau: Auch die **Komplexität des Satzbaus** spielt eine Rolle, da diese die Rede- und Aussageabsicht des Gedichts stützen kann:

- Dominiert beispielsweise ein **einfacher und kurzer Satzbau** mit Hauptsätzen **(Parataxe)**, so bewirkt dies oft eine einfache heitere Atmosphäre. Es kann aber auch eine triste und beengende Atmosphäre erzeugen.
- Überwiegt dagegen eine **komplexere Haupt- und Nebensatzfügung (Hypotaxe)**, so geht es häufig um die Darstellung ernsthafter und schwieriger Themen.

TIPP

Die Funktion und die Wirkung des Satzbaus und der Satzarten **sollten immer individuell am vorliegenden Gedicht** im Zusammenhang mit dem Inhalt überprüft werden.

25 Ordne die unten aufgeführten Merkmale den beiden Gedichten zu, indem du sie mit einem Strich verbindest. Auf den leeren Feldern kannst du noch Merkmale zum Satzbau und zu den Satzarten notieren, die dir selbst auffallen.

Text

Text 24
FRITZ W. BERNSTEIN (geb. 1938)
Apokalypsen-Programm (Auszug)

Montag geht die Welt zugrunde
Dienstag regnet's und ist kalt
Mittwoch um die zehnte Stunde
wird kein Geld mehr ausgezahlt

Text

Text 25
RAINER MARIA RILKE (1875–1926)
Sonette an Orpheus XIII (Auszug)

Sei allem Abschied voran, als wäre er hinter
dir, wie der Winter, der eben geht.
Denn unter Wintern ist einer so endlos Winter,
daß, überwinternd, dein Herz überhaupt übersteht.

eher ernsthaft	
Parataxe	enthält einen Aufforderungssatz
eher belustigend	leicht verständlich
Hypotaxe	enthält eine Begründung

26 Erläutere, wie die Frage in folgendem Gedichtauszug zu verstehen ist (→ Heft).

Text

Text 26
JOSEPH VON EICHENDORFF (1788–1857)
Der frohe Wandersmann (Auszug)

Die Bächlein von den Bergen springen,
Die Lerchen schwirren hoch vor Lust,
Was soll ich nicht mit ihnen singen
Aus voller Kehl und frischer Brust?

27 Beschreibe den Satzbau, die Satzarten und die Stellung der Satzglieder im folgenden Gedicht und setze sie zur Versgliederung in Beziehung. Welche Wirkung wird damit im Gedicht erzielt? (→ Heft)

Text

Text 27
GÜNTER EICH (1907–1972)
Inventur[1] (1947)

Dies ist meine Mütze,
dies ist mein Mantel,
hier mein Rasierzeug
im Beutel aus Leinen.

Konservenbüchse:
Mein Teller, mein Becher,
ich hab in das Weißblech
den Namen geritzt.

Geritzt hier mit diesem
kostbaren Nagel,
den vor begehrlichen
Augen ich berge.

Im Brotbeutel sind
ein Paar wollene Socken
und einiges, was ich
niemand verrate,

so dient es als Kissen
nachts meinem Kopf.
Die Pappe hier liegt
zwischen mir und der Erde.

Die Bleistiftmine
lieb ich am meisten:
Tags schreibt sie mir Verse,
die nachts ich erdacht.

Dies ist mein Notizbuch,
dies meine Zeltbahn,
dies ist mein Handtuch,
dies ist mein Zwirn.

Worterklärung

1 *Inventur:* Erfassung aller vorhandenen Bestände (z. B. im Supermarkt)

Zuletzt lassen sich noch einige **wichtige Stilfiguren** in Bezug auf Satzkonstruktionen und deren inhaltliche Bedeutungszusammenhänge anführen.

Wissen

Stilfiguren der Satzkonstruktion:

- **Anapher:** Wiederholung eines oder mehrerer Anfangswörter in aufeinanderfolgenden Versen oder Sätzen
- **Parallelismus:** Wiederholung derselben Satzteilreihenfolge in aufeinanderfolgenden Versen oder Sätzen
- **Chiasmus:** Überkreuzstellung von Satzteilen, die entweder identisch sind oder sich logisch entsprechen
- **Antithese:** Anordnung von Sätzen, Satzteilen oder Begriffen mit gegensätzlicher Aussage (oft in Verbindung mit dem Chiasmus)

Insbesondere die Wiederholungsfiguren **Anapher** und **Parallelismus** heben meist wichtige Wörter beziehungsweise Wortgruppen hervor und verstärken so deren Wirkungskraft. Zudem werden dementsprechend der innere Zusammenhalt und die (klangliche) Eindringlichkeit des Gedichts gesteigert. Dagegen zeigen **Chiasmus** und **Antithese** oft inhaltliche Verschiedenheiten innerhalb oder zwischen den Sätzen auf, wodurch eine hohe Spannung erzeugt wird. Vor allem im Barock, der einen Hang zum Zwiespalt und Gegensatz aufweist, waren diese Stilfiguren sehr beliebt.

Beispiel

Anapher

Seht den jungen Bacchus an!
Seht doch, wie er trinken kann!

Aus: Johann W. L. Gleim: Der Trinker

▶ Die Aufforderung wird durch die Anapher intensiviert.

Parallelismus

a b c a b c
Du steigst hinauf, ich steig hinab,
Wer geht im Schritt, wer geht im Trab?

Aus: Joseph von Eichendorff: Geh du nur hin!

▶ Der Parallelismus unterstreicht die Gleichzeitigkeit der beiden Bewegungen.

Chiasmus

a b
[...] Die Kunst ist lang,
b a
und kurz ist das Leben

Aus: Johann Wolfgang von Goethe: Faust

▶ Der Chiasmus unterstreicht den inhaltlichen Gegensatz.

Antithese

Was dieser heute baut, reißt jener morgen ein;
Wo itzund Städte stehn, wird eine Wiese sein

Aus: Andreas Gryphius: Es ist alles eitel

▶ Die Antithesen dienen der Verdeutichung von Gegensätzen.

28 Ordne folgende Verse den passenden Stilfiguren zu. Verbinde sie dafür mit einer Linie (mehrfache Zuordnungen sind jeweils möglich; Achtung: eine der Stilfiguren kommt nicht vor).

Es lacht die Nachtalp-Henne,
es weint die Windhorn-Gans

Aus: Christian Morgenstern: Die Fingur

Laß die Erde! Laß die Erde!
Laß sie liegen, bis sie fault.

Aus: Paul Scheerbart: Die andere Welt

Und über allem
der Duft des Sommers

Aus: Bruno Hillebrand: Und über allem

Was itzund Atem holt, muß mit der Luft entfliehn,
Was nach uns kommen wird, wird uns ins Grab nachziehn.

Aus: Andreas Gryphius: Menschliches Elende

Einem Turm gleich tritt er aus die letzte Glut,
Wo der Tag flieht, sind die Ströme schon voll Blut.

Aus: Georg Heym: Der Krieg

Ich weiß nicht was ich will / ich will nicht was ich weiß

Aus: Martin Opitz: Ist Liebe lauter nichts

Anapher | **Chiasmus** | **Inversion** | **Parallelismus** | **Ellipse** | **Antithese**

2 Wortwahl und Stilfiguren auf der Wortebene

In einem guten Gedicht ist die Setzung jedes einzelnen Wortes sorgsam und genau bedacht worden. Die Auswahl und Positionierung der Wörter ist so treffend, dass sie in der Regel im Gedichtkontext nicht austauschbar sind. Es ist daher von großer Wichtigkeit, auf den exakten Wortsinn zu achten sowie der **Untersuchung des poetischen Wortschatzes** in einer Analyse entsprechend viel Platz einzuräumen. Zunächst empfiehlt es sich, die **Wortwahl** im Gedicht näher zu betrachten. Oft fällt bereits bei der ersten Lektüre auf, dass bestimmte Wörter im Gedicht **von der Normalsprache abweichen**.

Wissen

Wortneuschöpfung (auch **Neologismus** genannt):

- besonders häufige Form der Abweichung von der Normalsprache: Durch einen meist spielerischen Umgang mit dem vorhandenen Sprachmaterial werden neue Wörter erschaffen, um die individuelle Gedichtaussage zu stützen.
- Wortneuschöpfungen können beispielsweise durch die **Abänderung von einzelnen oder mehreren Buchstaben bzw. Lauten** erfolgen, aber auch durch die **ungewöhnliche Verbindung zweier Wörter**.

Beispiel

Der **Flügelflagel gaustert**
durchs **Wiruwaruwollz**,
die rote **Fingur plaustert**,
und **grausig gutzt** der **Golz**.

Christian Morgenstern: Das Gruselett

▶ Die Wortneuschöpfungen haben hier spielerisch-lautmalerischen Charakter.

Wie **Aderwerk** gehn Straßen
durch die Stadt,
Unzählig Menschen schwemmen
aus und ein.

Aus: Georg Heym: Die Stadt

▶ Anstatt nur von „Adern“ zu sprechen, verwendet Heym die Wortneuschöpfung „Aderwerk“ und deutet damit ein ganzes System von Adern und indirekt die Größe der Stadt an.

TIPP

Einige Gedichte enthalten veraltete Wörter oder Wortformen, die in ihrem jeweiligen historischen Kontext vollkommen normal sind. Hierbei handelt es sich dann nicht um Wortneuschöpfungen.

29 Setze jeweils aus zwei der folgenden Wörter neue Wörter zusammen und halte fest, was man damit in einem Gedicht ausdrücken könnte.

Schwert • Herz • Kreis • Wort • Blut • Schrei • Leere • Weg •
Wahn • Regen • Tanz • Himmel • Wert • Winter • Nacht • Tag •
Auge • Bett • Fluss • Traum • Stein • Liebe • Wut

Bei der Erschließung eines lyrischen Textes lohnt es sich auch meist, die verwendeten **Wortarten** (z. B. Verben, Substantive, Adjektive etc.) **in Beziehung zu Thema und Inhalt** des Gedichts zu setzen. Dies gibt oft wichtige Hinweise auf deren Bedeutung für den lyrischen Text. Denn jedes Wort im Text, das ja bewusst vom Autor präzise in einer bestimmten Form gesetzt wurde, kann relevant sein für die Interpretation des gesamten Gedichts.

Substantive
- Überwiegen sie im Text?
- Gibt es ein verbindendes Moment der Substantive untereinander?
- Sind sie vorwiegend im Singular oder Plural gebildet?
- Gibt es Besonderheiten in ihrer Bildung?

Adjektive
- Überwiegen sie im Text?
- Gibt es ein verbindendes Moment der Adjektive untereinander?
- Gibt es Besonderheiten in ihrer Bildung?

Inhalt des Gedichts
- Lassen sich an den Wörtern Themenkreise festmachen?
- Welche Wirkung und Bedeutung haben die Wortarten für die Aussage?

Verben
- Überwiegen sie im Text?
- Bezeichnen sie einen Zustand oder eine Aktion/einen Vorgang?
- Gibt es Besonderheiten in ihrer Bildung?

Andere Wortarten
- Überwiegen sie im Text?
- Gibt es Auffälligkeiten oder Besonderheiten in ihrer Verwendung?

Die Wörter stehen zumeist in einem **Sinn- oder Bedeutungszusammenhang**. Oft werden einige **Wortarten besonders häufig** verwendet. Für die Analyse kann man sie in einer **Tabelle** sammeln, um sie anschließend in Beziehung zu der inhaltlichen Aussage des Gedichts zu setzen und so für die spätere Interpretation zu nutzen.

Beispiel

AUGUST STRAMM (1874–1915)
Schlachtfeld (1915)

Schollenmürbe schläfert ein das Eisen
Blute filzen Sickerflecke
Roste krumen
Fleische schleimen
Saugen brünstet um Zerfallen.
Mordesmorde
Blinzen
Kinderblicke.

Verben	Substantive	Adjektive	Sonstiges
• einschläfern • filzen • krumen • schleimen • (Saugen) • brünsten • (Blinzen)	• Eisen • Blute • Sickerflecke • Roste • Fleische • (Zerfallen) • Mordesmorde • Kinderblicke	• schollenmürbe	keine Auffälligkeiten oder Häufungen bestimmter sonstiger Wortarten
Auffälligkeiten • viele Wortneuschöpfungen	**Auffälligkeiten** • Substantive überwiegen • meist im Plural • bezeichnen v. a. Sichtbares • Wortneuschöpfungen **Themenkreis** Schlachtfeld	**Auffälligkeiten** • Wortneuschöpfung • sehr wenige Adjektive	

Bedeutung und Wirkung der Wortarten:
Die Substantive bezeichnen Wahrnehmungen auf einem Schlachtfeld im Ersten Weltkrieg (1914–1918). Ihre Häufung deutet darauf hin, dass es im Gedicht in erster Linie um die unmittelbare Wiedergabe eines visuellen Eindrucks geht. Zudem wirkt der Schrecken des Schlachtfelds durch diese Häufung sehr gegenwärtig. Die Pluralformen unterstreichen, dass es sich nicht um einzelne Sinneseindrücke handelt, sondern dass das Wahrgenommene einen höheren Grad an allgemeiner Gültigkeit hat. Die vielen Wortneuschöpfungen verstärken die Unmittelbarkeit des Wahrgenommenen und den verstörenden Gesamteindruck.

TIPP

Natürlich ist eine solche Tabelle bei längeren Gedichten zu aufwendig und sollte deshalb in den meisten Fällen nur Schlüsselwörter und beobachtete Auffälligkeiten enthalten. Für einen (thematischen) Gedichtvergleich jedoch ist eine Wörterliste sehr hilfreich, da hier schnell deutlich wird, wie ein gleiches Thema unterschiedlich dargestellt werden kann.

30 Untersuche im Gedicht *Weltende* von Jakob van Hoddis (Text 28) die Wortarten. Markiere dafür zunächst die einzelnen Wortarten mit verschiedenfarbigen Stiften und halte dann unter dem Gedicht ihre Häufigkeit und Auffälligkeiten fest (du kannst dir dafür auch eine größere Tabelle im → Heft anlegen). Beschreibe anschließend die Bedeutung bzw. Wirkung der Wortarten und ihrer Auffälligkeiten (→ Heft).

Text 28
JAKOB VAN HODDIS (1887–1942)

Weltende (1911)

Dem Bürger fliegt vom spitzen Kopf der Hut,
In allen Lüften hallt es wie Geschrei.
Dachdecker stürzen ab und gehn entzwei
Und an den Küsten – liest man – steigt die Flut.

Der Sturm ist da, die wilden Meere hupfen
An Land, um dicke Dämme zu zerdrücken.
Die meisten Menschen haben einen Schnupfen.
Die Eisenbahnen fallen von den Brücken.

Verben	Substantive	Adjektive
Anzahl: ________	Anzahl: ________	Anzahl: ________
Auffälligkeiten	**Auffälligkeiten**	**Auffälligkeiten**
________________	________________	________________
________________	________________	________________
________________	________________	________________
________________	________________	________________
________________	________________	________________
________________	________________	________________
________________	________________	________________
________________	________________	________________

Es lassen sich noch einige weitere **Stilmittel** anführen, die vor allem die Wortwahl betreffen:

Wissen

Besondere Stilmittel der Wortwahl:

- **Oxymoron:** Verbindung von Begriffen, die sich logisch widersprechen
- **Klimax:** Reihung von Wörtern mit steigender Bedeutung
- **Hyperbel:** unglaubwürdige Übertreibung
- **Figura etymologica:** Verbindung zweier oder mehrerer Wörter aus derselben Wortfamilie

In der Figur des **Oxymoron** werden unerwartete Sinnbezüge zusammengefügt, die zu einer **hohen Spannung** im lyrischen Text führen können. Der Widerspruch kann so kaum Fassbares der Wirklichkeit im Gedicht ausdrücken. Die Stilfiguren **Klimax** und **Figura etymologica** haben vor allem eine steigernde und **intensivierende Wirkung** durch die Wortreihung bzw. -häufung. Denselben Effekt erzielt auch die **Hyperbel**, da durch Übertreibung Inhalte **verstärkend** hervorgehoben werden.

Beispiel

Oxymoron
Schwarze Milch der Frühe wir
trinken sie abends

Aus: Paul Celan: Todesfuge

▶ Die unerwartete Gegensätzlichkeit der Ausdrücke irritiert und hebt zugleich die Wortverbindung hervor.

Klimax
So muß auch unser **Nam, Lob, Ehr**
und **Ruhm** verschwinden.

Aus: Andreas Gryphius: Menschliches Elende

▶ Durch die inhaltliche Steigerung der gereihten Wörter wird das Gesagte intensiviert und angezeigt, dass wirklich alles verschwinden wird.

Hyperbel
Ihr Dach stieß fast bis an die Sterne

Aus: Arno Holz: Phantasus

▶ Die Übertreibung verdeutlicht die enorme Größe des Dachs.

Figura etymologica
Fließe, fließe, lieber Fluß!

Aus: Johann Wolfgang von Goethe: An den Mond

▶ Die Verbindung von „fließen“ und „Fluß“ verstärkt den Ausruf und verdeutlicht die Dringlichkeit.

TIPP

Aussagekräftig sind häufig auch Wiederholungen bestimmter Wörter im Gedicht, auch wenn sich diese nicht einer der Wiederholungsfiguren (Anapher, Parallelismus, Figura etymologica) zuordnen lassen.

31 Verwandle folgende Impuls-Wörter in das jeweils genannte Stilmittel (ein Beispiel ist bereits eingetragen). Beschreibe kurz ihre Wirkung.

Impuls-Wort	Stilmittel
Feigling	Oxymoron: mutiger Feigling Wirkung: Gegensatzbildung
Winter	Oxymoron: ____________ Wirkung: ____________
gehen	Klimax: ____________ Wirkung: ____________
viele Tränen	Hyperbel: ____________ Wirkung: ____________
spielen	Figura etymologica: ____________ Wirkung: ____________

3 Klangfiguren

Der klangliche Charakter von Gedichten ist eines der Hauptkennzeichen der lyrischen Gattung. Bereits in der formalen Analyse wurde die besondere melodische Wirkung von **Metrik**, Rhythmus und **Reimstrukturen** untersucht. Nun lassen sich aber auch auf der sprachlichen Ebene **stilistische Mittel** finden, die durch ihre hörbaren **Klangeffekte** die inhaltlichen Strukturen von lyrischen Texten stützen.

Wissen

Die Klangfiguren **Alliteration, Assonanz und Onomatopoesie:**

- **Alliteration:** gleicher Anlaut aufeinanderfolgender Wörter
  Die Alliteration ist ein sehr häufiges Stilmittel. Sie **hebt** die **klanglich aufeinander bezogenen Begriffe hervor** und kann die Einprägsamkeit des Gedichtes und die melodische Struktur stützen.
- **Assonanz:** Gleichklang der Vokale von (zwei oder) mehreren Wörtern
  Assonanzen können wie Reime die lautliche Struktur eines Gedichts prägen.
- **Onomatopoesie/Lautmalerei:** Nachahmung von Klängen durch sprachliche Mittel
  Durch die Stilfigur der Onomatopoesie werden **akustische Eindrücke** aus der Wirklichkeit gewissermaßen in die Sprache des Gedichts übersetzt. Diese Klangfigur gibt so eine **unmittelbare sinnliche Vorstellung** vom Gesagten.

Beispiel

Alliteration

Flöß' **f**lehend du **F**lötengeflüster
Mir **H**immel und **H**eimat ans **H**erz

Aus: Clemens Brentano:
[Wie wird mir? Wer wollte wohl weinen]

Die Alliteration wirkt melodisch und bindet die Ausdrücke (v. a. im zweiten Vers) enger aneinander.

Assonanz

In des ernsten Tales B**ü**sch**e**n,
Ist die Nachtigall entschl**a**f**e**n,
Mondenschein muß auch verbl**ü**h**e**n,
wehet schon der Frühe **A**th**e**m,

Aus: Clemens Brentano:
Rosablankens Traum

Die Assonanzen treten hier an die Stelle des Reims und stellen wie dieser eine Verbindung zwischen Versen bzw. den Versenden her.

Onomatopoesie

Da **pispert's** und **knistert's** und
flüstert's und **schwirrt**

Aus: J. W. v. Goethe: Hochzeitslied

Die Lautmalerei vermittelt über den Klang der Worte einen akustischen Eindruck.

32 Schreibe neben die folgenden Verse eine oder mehrere dazu passende Klangfiguren (Mehrfachnennungen sind möglich) und notiere deren Wirkung.

Wie säuseln ach so linde!
Wir in den Blüten,
Und lindern heiße Liebe
In kühlen Düften.

Aus: Friedrich Schiller: Die Lüfte

→ ______________________

Viele Wellen wallen weit ins graue Meer,
Eilig sind die Wellen, ihre Hände leer

Aus: Börries von Münchhausen: Ballade vom Brennnesselbusch

→ ______________________

Eine starke, schwarze Barke
segelt trauervoll dahin.

Aus: Heinrich Heine: Romanzen III

→ ______________________

TIPP

Ein Gedicht kann auch durch die Häufung bestimmter Vokale geprägt sein: So wirken in der Regel die Vokale „E“ und „I“ hell und eher freundlich, während „A“, „O“ und „U“ eher dunkel und weich klingen.

4 Bildfiguren

Die ausgeprägte **Bildlichkeit** ist ein wesentliches Merkmal vieler Gedichte und lässt sich in allen literarischen Epochen finden. Durch den Gebrauch von Bildern werden lyrische Texte in der Regel anschaulicher. Ein Bild kann dabei durch unterschiedliche sprachliche Mittel erzeugt werden und sich auf einen **einzigen Vers** oder das **gesamte Gedicht** beziehen. In der Analyse ist es wichtig, die Bildlichkeit begrifflich richtig einzuordnen. Gelegentlich gestaltet sich eine konkrete Zuordnung eines Bildes jedoch schwierig, da die **Grenzen zwischen den Bildarten fließend** sein können.

Wissen

Vergleich, Metapher und Pars pro Toto:

- **Vergleich:** Ein Begriff und seine bildliche Veranschaulichung werden mit „**wie**“ (oder einem ähnlichen Wort) verknüpft. Dabei verbindet Begriff und Bild eine **gemeinsame Eigenschaft**.
- **Metapher:** Ein Begriff wird durch seine bildliche Veranschaulichung mit einer übertragenen Bedeutung ersetzt oder durch diese erweitert. Wie beim Vergleich verbindet Begriff und Bild eine **gemeinsame Eigenschaft**.
- **Pars pro Toto** (als besonders häufige Form der sogenannten „Synekdoche“): Der Begriff bedeutet „ein Teil für das Ganze“. Bei diesem Stilmittel wird ein Begriff durch einen Begriff ersetzt, der nur einen **Teil des Ersetzten** bezeichnet.

Beispiel

Vergleich

Der Knabe springt **wie** ein wundes Reh

Aus: Annette von Droste-Hülshoff: Der Knabe im Moor

► Durch den Vergleich ist die Bewegung des Jungen bildlich vorstellbar, wirkt lebendiger und weniger abstrakt.

Metapher

Verfließet, vielgeliebte Lieder,
Zum **Meere der Vergessenheit**!

Aus: Johann W. v. Goethe: Zum Flusse

► Die Metapher veranschaulicht die Größe und Unendlichkeit der „Vergessenheit“, die einem Meer zu gleichen scheint.

Pars pro Toto

Gesandt ist er der Welt zum Retter,
Von jeder Not und jedem Harm
Befreien muß sein **starker Arm**

Aus: Friedrich Schiller: Der Kampf mit dem Drachen

► Der starke Arm steht hier für den ganzen Menschen, der durch seine Stärke die Welt befreien soll.

TIPP

Bei Metaphern kann man verschiedene Arten unterscheiden: Eine unbewusste Metapher ist bereits in den Alltagsgebrauch übergegangen – das bildliche Sprechen ist uns hier nicht bewusst (Beispiel: „Flussbett“). Bei einer neuen Metapher ist der Zusammenhang zwischen Begriff und Bild neuartig – der Leser muss hier das Bild interpretieren (Beispiel von Johann Wolfgang v. Goethe: „Schon stand im *Nebelkleid* die Eiche“). Bei der absoluten Metapher ist der gemeinte Begriff nicht mehr zu erschließen, die Metapher hat sich verselbstständigt (Beispiel von P. Celan: „*Fadensonnen* / über der grauschwarzen Ödnis“).

33 Prüfe das folgende Gedicht *Ritt im Mondschein* auf Metaphern, Vergleiche und auf die Bildfigur Pars pro Toto und markiere sie – falls vorhanden – im Text. Beschreibe kurz ihre Wirkung.

Text

Text 29
ACHIM VON ARNIM (1781–1831)
Ritt im Mondschein (1820)

Herz zum Herzen ist nicht weit
Unter lichten Sternen,
Und das Aug, von Tau geweiht,
Blickt zu lieben Fernen;
Unterm Hufschlag klingt die Welt,
Und die Himmel schweigen,
Zwischen beiden mir gesellt
Will der Mond sich zeigen.

Zeigt sich heut in roter Glut
An dem Erdenrande,
Gleich als ob mit heißem Blut
Er auf Erden lande,
Doch nun flieht er scheu empor,
Glänzt in reinem Lichte,
Und ich scheue mich auch vor
Seinem Angesichte.

Wissen

Sonderformen der Metapher:

- **Personifikation:** Leblose Dinge, Naturerscheinungen oder abstrakte Begriffe werden mit **menschlichen Eigenschaften und Fähigkeiten** ausgestattet. Es handelt sich um eine Sonderform der Metapher, da ein „dinglicher“ Begriff durch einen Begriff aus dem „menschlichen“ Bereich ersetzt wird.
- **Synästhesie: Verschiedene Sinnesbereiche** (sehen, hören, schmecken, riechen, tasten) werden miteinander verknüpft. Es handelt sich um eine Sonderform der Metapher, da ein Begriff aus dem einen Sinnesbereich mit einem Begriff aus einem anderen Sinnesbereich ersetzt wird.

Beispiel

Personifikation

Die Veilchen **kichern** und **kosen**
und schau'n nach den Sternen empor

Aus: Heinrich Heine: Auf Flügeln des Gesanges

▶ Durch die Personifikation wirkt die Natur vertrauter und lebendiger.

Synästhesie

Das Blau der Ferne klärt sich schon
Vergeistigt und gelichtet
Zu jenem **süßen** Zauber**ton**,
Den nur September dichtet.

Aus: Hermann Hesse: Höhe des Sommers

▶ Die Vermischung der Sinneseindrücke „Schmecken" und „Hören" vermittelt den Eindruck einer alles umfassenden Verzauberung des Moments.

34 Prüfe das Gedicht *Ritt im Mondschein* (Text 29, S. 69) auf Personifikationen und Synästhesien. Beschreibe kurz ihre Wirkung.

Zwei weitere häufige Bildfiguren in Gedichten sind die **Allegorie** und das **Symbol**. Beiden gemein ist die willkürliche, d. h. ohne äußere oder innere Ähnlichkeit hergestellte Verknüpfung von Begriff und Bild. Dies fällt jedoch beim Symbol meist nicht gleich auf, da hier die Verknüpfung in der Regel schon eine lange Tradition hat (z. B. die Taube als Symbol für den Frieden).

Wissen

Allegorie und Symbol:

- **Allegorie:** Bei der Allegorie handelt es sich um ein komplexes Bild, das meist das ganze Gedicht prägt. Das Gedicht kann auf zwei Arten gelesen werden – auf eine wörtliche-naive oder auf allegorische Weise.
- **Symbol:** Der Zusammenhang von Begriff und Bild ist meist durch kulturelle Prägung bekannt. Allerdings können Symbole in verschiedenen Epochen eine unterschiedliche Bedeutung haben.

Beispiel

Allegorie

Mein oft bestürmtes Schiff der grimmen Winde Spiel
Der frechen Wellen Ball, das schier die Flut getrennet,
Das über Klipp auf Klipp, und Schaum, und
Sand gerennet;
Kommt vor der Zeit an Port, den meine Seele will.

Aus: Andreas Gryphius: An die Welt

▶ **Allegorie:** Schiff im stürmischen Meer = das bewegte Leben

Symbol

Fühle was dies **Herz** empfindet,
Reiche frei mir deine Hand
Und das Band, das uns verbindet,
Sei kein schwaches **Rosen**band!

Aus: Johann Wolfgang von Goethe: Mit einem gemalten Band

▶ **Herz:** Symbol für das fühlende/liebende Ich
Rose: Symbol für die Liebe

35 Prüfe das Gedicht *Ritt im Mondschein* (Text 29, S. 69) auf Allegorien und Symbole. Beschreibe gegebenenfalls kurz ihre Wirkung.

Zusammenfassung – Sprachliche Ebene

Die außergewöhnliche sprachliche Gestaltung sowie eine ausgeprägte Bildlichkeit sind kennzeichnend für die meisten lyrischen Texte. In diesem Analyseschritt wurden daher die Besonderheiten des poetischen Sprechens einer genauen Betrachtung unterzogen, da sie oft entscheidende Hinweise für das Verständnis und die Interpretation von Gedichten liefern. Die Untersuchung von Satzbau, Wortwahl, stilistischen Mitteln sowie bildhafter Sprechweise sind ein sehr wichtiger Baustein in der Analyse lyrischer Texte, da in der poetischen Sprache Inhalt und Form eng miteinander verknüpft sind.

Wissen

Die wichtigsten **Fragen in Bezug auf die Sprache** in lyrischen Texten sind hier noch einmal zusammengefasst:

- Stimmen die Sätze mit den Verszeilen überein oder gibt es Zeilensprünge?
  Lassen sich Besonderheiten im Aufbau oder in der Struktur der Sätze finden?
  Taucht eine bestimmte Satzart im Gedicht häufig auf?
  Sind die Sätze überwiegend komplex oder eher einfach?
  Enthält das Gedicht Stilfiguren, die mit dem Satzbau zu tun haben?
- Zeigt die Wortwahl im Gedicht Abweichungen von der Normalsprache?
  Werden bestimmte Wortarten auffallend häufig verwendet?
  Welcher Sinn- und Bedeutungszusammenhang verbindet die Wörter?
  Sind Stilfiguren zu finden, die mit der Wortwahl zusammenhängen?
- Enthält das Gedicht auffällige Klangfiguren?
- Enthält das Gedicht Bildfiguren?
  Welcher Art ist die Bildlichkeit?
  Welche Wirkung hat sie?
- Wie sind die festgestellten Kennzeichen der poetischen Sprache insgesamt mit Inhalt und Form des Gedichts verknüpft?

■ Test 3

(Zeitrahmen: 30 Min.)

THEODOR STORM (1817–1888)
Die Stadt (1852)

Am grauen Strand, am grauen Meer
Und seitab liegt die Stadt;
Der Nebel drückt die Dächer schwer,
Und durch die Stille braust das Meer
Eintönig um die Stadt.

Es rauscht kein Wald, es schlägt im Mai
Kein Vogel ohn Unterlaß;
Die Wandergans mit hartem Schrei
Nur fliegt in Herbstesnacht vorbei,
Am Strande weht das Gras.

Doch hängt mein ganzes Herz an dir,
Du graue Stadt am Meer;
Der Jugend Zauber für und für
Ruht lächelnd doch auf dir, auf dir,
Du graue Stadt am Meer.

Untersuche die gesamte sprachliche Ebene des Gedichts *Die Stadt*. Gehe dabei Schritt für Schritt vor:

1 Untersuche den Satzbau und die Stilfiguren der Satzkonstruktion im Gedicht *Die Stadt*. Bearbeite dafür die folgenden Aufgaben:

a) Markiere in dem Gedicht die Zeilensprünge und entscheide, ob in dem Gedicht Zeilenstil vorherrscht, die Zeilensprünge überwiegen oder ob eine Mischung aus beidem vorliegt. ___ **von 2**

- ☐ Es herrscht Zeilenstil vor.
- ☐ Es überwiegen Zeilensprünge (Enjambements).
- ☐ Es liegt eine Mischung aus Zeilenstil und Zeilensprüngen vor.

b) Markiere Besonderheiten in der Stellung der Satzglieder (Inversion, Ellipse). Beschreibe kurz die Wirkung dieser Besonderheiten. ___ **von 3**

____

____

c) Gibt es in dem Gedicht Auffälligkeiten im Satzbau oder taucht eine bestimmte Satzart besonders häufig auf? Notiere deine Beobachtungen in der Tabelle und halte fest, wie der Satzbau und die Satzarten wirken. ___ **von 4**

	Auffälligkeiten	Wirkung
Satzbau		
Satzart		

d) Untersuche das Gedicht auf wichtige Stilfiguren auf der Satzebene (Anapher, Parallelismus, Antithese, Chiasmus). Markiere sie im Text und notiere die Bezeichnung daneben. Beschreibe kurz ihre Bedeutung bzw. Wirkung für das Gedicht. ___ **von 3**

e) Prüfe das Gedicht auf andere auffällige Wortwiederholungen und halte deren Wirkung bzw. Bedeutung fest. ___ von 1

2 Untersuche die Wortwahl und die Stilfiguren der Wortebene in dem Gedicht *Die Stadt*. Bearbeite dafür die folgenden Aufgaben:

a) Prüfe, ob bestimmte Wortarten auffällig häufig in dem Gedicht vertreten sind. Markiere hierzu die verschiedenen Wortarten mit verschiedenfarbigen Stiften und notiere deine Beobachtungen zu den Auffälligkeiten: ___ von 5

Auffälligkeiten Verben	Auffälligkeiten Substantive	Auffälligkeiten Adjektive

b) Beschreibe kurz die Bedeutung bzw. die Wirkung der Wortarten und ihrer Auffälligkeiten. ___ von 3

c) Untersuche das Gedicht auf wichtige Stilfiguren in Bezug auf die Wortwahl. Kreuze an, welche Stilfiguren du findest, und notiere gegebenenfalls die Textstelle daneben. ___ von 2

- ☐ Oxymoron
- ☐ Klimax
- ☐ Hyperbel
- ☐ Figura etymologica

3 Untersuche das Gedicht auf wichtige Klangfiguren. Kreuze an, welche Stilfiguren du findest und notiere sie daneben. Beschreibe darunter kurz ihre Bedeutung und Wirkung für das Gedicht. ___ von 3

- ☐ Alliteration: ___
- ☐ Assonanz: ___
- ☐ Onomatopoesie: ___

Bedeutung/Wirkung:

4 Untersuche das Gedicht auf Bildfiguren. Kreuze an, welche du findest, und notiere sie daneben. Beschreibe dann darunter kurz, welche Bedeutung der bildlichen Gestaltung zugesprochen werden kann.

____ von 4

- ☐ Vergleich: ____________________
- ☐ Metapher: ____________________
- ☐ Pars pro toto: ____________________
- ☐ Personifikation: ____________________
- ☐ Synästhesie: ____________________
- ☐ Allegorie: ____________________
- ☐ Symbol: ____________________

Bedeutung der bildlichen Gestaltung:

____

____

____

____

____

____

____

____

____

____

____

____

____

____

Bewertungsvorschlag:

Note 1	Note 2	Note 3	Note 4	Note 5	Note 6
30–25 P.	24–20 P.	19–15 P.	14–10 P.	9–5 P.	unter 5 P.

Schritt 2: Interpretation

Es gibt **keinen Königsweg für eine Interpretation**, da ein Gedicht immer auch mehrdeutig sein kann. Genau dieses Gefühl der inhaltlichen Offenheit und scheinbaren Unberechenbarkeit in der späteren Bewertung macht die Gedichtinterpretation für viele zu einer schwierigen Aufgabe. Obwohl keine Interpretation mit alleinigem Anspruch auf Richtigkeit existiert, so gibt es in Gedichten dennoch **allgemeingültige Strukturen**, auf deren Grundlage sich eine gute von einer schlechten Interpretation unterscheiden lässt und eine Bewertung möglich ist. Der ausschlaggebende Schritt für eine gelungene Interpretation ist die **Verknüpfung der einzelnen Untersuchungsergebnisse** zu einer **schlüssigen Gesamtdeutung**. Es gilt, die Wechselbeziehungen und Verzahnung der inhaltlichen, formalen und sprachlichen Ebene aufzuzeigen, um so das Gedicht in seiner künstlerischen Gesamtheit zu erfassen. Dabei kommt es vor allem auf eine **überzeugende Argumentation** an, die durch treffende **Zitate** zu belegen ist. Für die Bewertung einer Gedichtinterpretation sind darüber hinaus die folgenden Punkte wichtig.

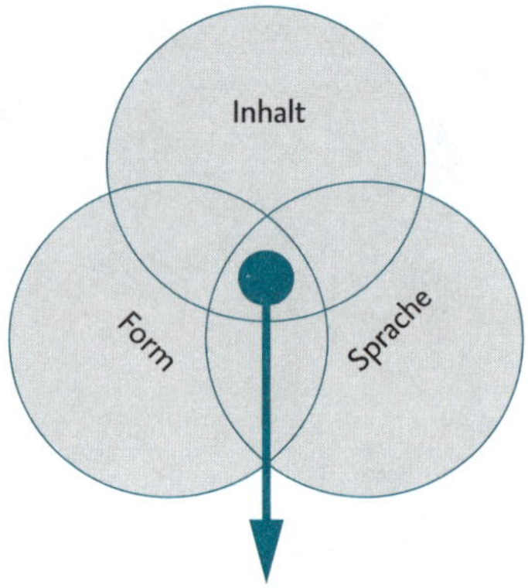

Wissen

In einer guten Interpretation …

- zeigst du, dass du literarische bzw. spezifisch lyrische **Gestaltungsmittel** (z. B. Stilfiguren, grammatische Strukturen, Reim) **erkennst** und **verstehst**,
- beziehst du – sofern möglich – **literarisches Vorwissen** ein (z. B. zur lyrischen Gattung der Ballade),
- ist die Erarbeitung der Gestaltungsmittel kein Selbstzweck, sondern wird für die Deutung genutzt, um so die **Machart eines Textes** zu veranschaulichen,
- stellst du die **wesentlichen und für die Deutung wichtigen Kennzeichen** des Textes dar, anstatt dich in einer Darlegung von unzusammenhängenden Einzelbeobachtungen zu verlieren.

Aber wie kommt man zu einer sinnfälligen Interpretation? Nachdem die **Untersuchung der inhaltlichen, formalen und sprachlichen Ebene** abgeschlossen ist, steht man zumeist vor einer großen Fülle von Ergebnissen. Nun sollte zunächst eine **Interpretationsthese formuliert** werden, die sich schon während der mehrfachen Lektüre und der Analyse des Gedichts herauskristallisiert hat und eine überarbeitete Version der inhaltlichen Vororientierung sein kann. Auf dieser Grundlage werden nun diejenigen **Analyseergebnisse ausgewählt**, die für die beabsichtigte Deutung besonders **aussagekräftig** sind, denn nicht jeder Befund aus der Analyse sollte auch in der Interpretation verwendet werden (auch aus Zeitgründen).

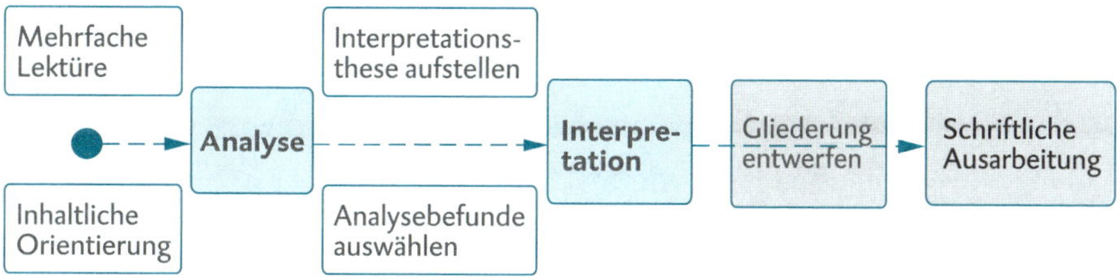

36 Lies das Gedicht „Zwei“ von Gustav Falke sowie die nachfolgende erste inhaltliche Orientierung und schau dir dann genau die beispielhafte Analyse auf der nächsten Seite an. (Zu Übungszwecken kannst du hier auch eine Analyse durchführen und deine Ergebnisse dann mit der nächsten Seite vergleichen.)

ehrfache Lektüre ↓

Text

Text 30
GUSTAV FALKE (1853–1916)
Zwei (1896)

Drüben du, mir deine weiße
Rose übers Wasser zeigend,
Hüben ich, dir meine dunkle
Sehnsüchtig entgegen neigend.

In dem breiten Strome, der uns
Scheidet, zittern unsre blassen
Schatten, die vergebens suchen,
sich zu finden, sich zu fassen.

Und so stehn wir, unser Stammeln
Stirbt im Wind, im Wellenrauschen,
Und wir können nichts als unsre
Stummen Sehnsuchtswinke tauschen.

Leis, gespenstig, zwischen unsern
Dunklen Ufern schwimmt ein wilder
Schwarzer Schwan, und seltsam schwanken
Unsre blassen Spiegelbilder.

Erste haltliche Orien-tierung ↓

Im Gedicht „Zwei“ stellt das lyrische Ich eine Situation dar, in der es von einem geliebten Menschen durch einen Fluss räumlich getrennt ist. Es gibt kaum fassbare Bezüge zu einer äußeren Wirklichkeit. Der Text lässt sich vorerst in vier Strophen gliedern, die jeweils einzelne Facetten eines weitgehend bewegungslosen Bildes ohne eine Entwicklung beschreiben.

Analyse:
- Inhalt
- Form
- Sprache

GUSTAV FALKE (1853 –1916)
Zwei (1896)

Randnotiz	Gedicht	Anmerkung
Anfangsreime	Drüben du, mir deine weiße	Ellipse
	Rose übers Wasser zeigend,	Symbol: Rose
	Hüben ich, dir meine dunkle	Ellipse
	Sehnsüchtig entgegen neigend.	Abweichung vom Versmaß
	(Parallelismus mit antithetischem Element)	
Wiederholung	In dem breiten Strome, der uns	Inversion
	Scheidet, zittern unsre blassen	viele Sch-Laute
	Schatten, die vergebens suchen,	Oxymoron
	sich zu finden, sich zu fassen.	Parallelismus/Anapher
Anapher	Und so stehn wir, unser Stammeln	Alliterationen (Sch- u. W-Laute)
	Stirbt im Wind, im Wellenrauschen,	Personifikation: Stammeln stirbt
	Und wir können nichts als unsre	
	Stummen Sehnsuchtswinke tauschen.	Neologismus: Sehnsuchtswinke
	(Wiederholung)	
	Leis, gespenstig, zwischen unsern	Inversion
	Dunklen Ufern schwimmt ein wilder	Aussagekräft. Adjektive
Alliterationen	Schwarzer Schwan, und seltsam schwanken	Oxymoron: Schwarzer Schwan
	Unsre blassen Spiegelbilder.	Inversion: seltsam

Aufbau:
- Strophe 1: Gegenüberstellung von Ich und Du, die sich nach einander sehnen
- Strophe 2: Präzisierung der Situation: Trennung durch Fluss, Spiegelung der Sehnsucht im Wasser
- Strophe 3: Keine mündliche, nur gestische Kommunikation mit dem anderen
- Strophe 4: Bedrohlichkeit durch schwarzen Schwan

Lyrisches Ich und Adressat:
- Klar erkennbar: Ich/Du (Strophe 1), Wir (Strophe 2–4) – Liebesbeziehung
- Keine näheren Informationen zum Ich oder Du (Name, Aussehen etc.)
- Anredegestus: ruhig, beschreibend, melancholisch

Form:
- Strophen mit vierhebigem Trochäus und weiblichen Kadenzen
- Gleichmäßiger, strömender Rhythmus (Enjambements), keine Strophenenjambem.
- Kreuzreim mit Waisen in jeweils 1. und 3. Vers; Anfangsreim (1. Strophe)

Wortwahl und Satzbau/-arten:
- ausgewogenes Verhältnis der Hauptwortarten (Subst.: 10, Adj.: 13, Verben: 14)
- viele aussagekräftige Adjektive, viele Personalpronomen (ich, du, wir, uns)
- Aussagesätze, überwiegend Hauptsätze, wenige Relativsätze

37 In der folgenden Interpretationsthese zu Falkes Gedicht stehen an manchen Stellen zwei Formulierungen zur Auswahl. Entscheide dich jeweils für die Formulierung, die besser zum Gedicht passt, kreuze sie an und streiche die andere durch.

terpretationsthese formulieren ↓

Das Gedicht schildert zwei sich ☐ liebende | ☐ treffende Personen, die durch einen ☐ Zufall | ☐ Fluss voneinander getrennt sind, aber sich ☐ sehnsüchtig | ☐ ohne ersichtlichen Grund die Zweisamkeit wünschen. Es steht nicht das unmittelbare Erlebnis, sondern ☐ der Charakter des anderen | ☐ der Seelenausdruck im Vordergrund.

Befunde auswählen und stichpunktartig deuten ↓

Nun gilt es, **Befunde aus der Analyse** auszuwählen, die die Interpretationsthese stützen. Je nach These kann die Auswahl verschieden ausfallen. Außerdem ist es immer möglich (auch bei der gleichen Interpretationsthese), verschiedene Schwerpunkte zu setzen. Entscheidend ist es bei der Auswahl, dass der **Bezug zur Interpretationsthese** klar ist.

38 Lies die folgende Aufstellung, die schon Befunde zum Gedicht allgemein und zu Strophe 2 und 4 sowie deren Deutungen verzeichnet. Wähle dann für die Strophen 1 und 3 geeignete Befunde aus (linke Spalte) und notiere deren Deutung (rechte Spalte).

Allgemeine Befunde zum Gedicht	Deutung hinsichtl. Interpretationsthese
• lyrisches Ich, Du und Wir: keine näheren Informationen • hauptsächlich äußere Beschreibung einer Situation (Aussagesätze) • Rhythmus strömend (Metrum, Enjambements und Kreuzreim mit Waisen) • Aufbau: vier Strophen	• der Charakter der beiden steht nicht im Mittelpunkt • Veranschaulichung der Sehnsucht im beschriebenen Bild der Trennung durch den Fluss: Seelenausdruck • strömender Rhythmus passt inhaltlich zum Fluss und formal zum Beschreibungsstil des Gedichts • Strophen veranschaulichen durch verschiedene Schwerpunktsetzungen die Sehnsucht und den Schmerz der Trennung

1. Strophe: Gegenüberstellung Ich/Du	Deutung hinsichtl. Interpretationsthese
2. Strophe: Trennung und Sehnsucht	**Deutung hinsichtl. Interpretationsthese**
• Wechsel Personalpronomen – ab Strophe 2: uns/wir • Enjambement (V. 5 f.) • Parallelismus/Anapher (V. 8)	• Unterstreichung der Zusammengehörigkeit der beiden • Veranschaulichung der Trennung in der Versgestaltung („uns/Scheidet“) • Doppelung weist auf Verzweiflung hin, dem andern nicht näher sein zu können
3. Strophe: Kommunikation(slosigkeit)	**Deutung hinsichtl. Interpretationsthese**
4. Strophe: Bedrohung der Situation	**Deutung hinsichtl. Interpretationsthese**
• Aussagekräftige Adjektive (V. 13–16) • Inversion (V. 13) • Oxymoron mit Alliteration (V. 15)	• Erzeugen einer bedrohlich-unheimlichen Stimmung • Betonung der Stimmung • Unterstreichen der Bedrohlichkeit durch „Schwarzen Schwan“, der als negative Vorausdeutung gelesen werden kann

TIPP

Eine solch genaue Aufstellung zu machen, ist zwar sehr hilfreich, aber im Rahmen einer Klassenarbeit meist zu **zeitaufwändig**. Es bietet sich an, nur **die Befunde auszuwählen** (z. B. indem du sie mit einem Stift markierst) und dann in **Stichpunkten die wichtigsten Punkte der Interpretation** zu notieren. Bevorzuge bei der Auswahl stets die für die Interpretationsthese **wichtigen Befunde** vor den unwichtigen.

Zusammenfassung – Interpretation

Ziel einer Interpretation ist es, mit einer sinnvollen Kombination der einzelnen Ergebnisse aus der Analyse die **Wechselbeziehung der inhaltlichen, formalen und sprachlichen Ebene** im lyrischen Text aufzuzeigen. Eine **gezielte Vorgehensweise** – wie sie in diesem Kapitel erläutert wurde – sichert das Erstellen einer sinnfälligen Gedichtinterpretation und hilft gleichzeitig dabei, häufige Fehler zu vermeiden.

Wissen

Die einzelnen Stufen bis zum Erstellen der Gliederung sind hier nochmals kurz zusammengefasst:

- Mehrfache Lektüre des Gedichttextes
- Erste inhaltliche Orientierung (ggf. mit kurzer Zusammenfassung des Gedichts)
- Analyse der inhaltlichen, formalen und sprachlichen Ebene
- These zur Interpretation aufstellen
- Aussagekräftige Analysebefunde, die die Interpretationsthese stützen, auswählen
- Interpretation als Vorbereitung für die schriftliche Ausarbeitung kurz in Stichpunkten skizzieren

■ Test 4

(Zeitrahmen: 45 Min.)

THEODOR STORM (1817–1888)
Die Stadt (1852)

Am grauen Strand, am grauen Meer
Und seitab liegt die Stadt;
Der Nebel drückt die Dächer schwer,
Und durch die Stille braust das Meer
Eintönig um die Stadt.

Es rauscht kein Wald, es schlägt im Mai
Kein Vogel ohn Unterlaß;
Die Wandergans mit hartem Schrei
Nur fliegt in Herbstesnacht vorbei,
Am Strande weht das Gras.

Doch hängt mein ganzes Herz an dir,
Du graue Stadt am Meer;
Der Jugend Zauber für und für
Ruht lächelnd doch auf dir, auf dir,
Du graue Stadt am Meer.

In diesem Test kannst du die einzelnen Schritte bis hin zur Interpretation anhand eines Gedichts üben, zu dem du bereits in vorangehenden Tests Ergebnisse erarbeitet hast. Falls du bei einzelnen Punkten nicht weiterkommst, kannst du auf deine Ergebnisse aus den anderen Tests oder auf den Lösungsteil zu diesen Tests zurückgreifen.

1 **Lektüre und erste inhaltliche Orientierung:** Lies das Gedicht *Die Stadt* mehrmals durch und verschaffe dir dabei einen inhaltlichen Überblick. Formuliere knapp, worum es in dem Gedicht geht.

___ **von 2**

____

____

____

____

____

2 **Analyse von Inhalt, Form und Sprache:** Untersuche die inhaltliche, formale und sprachliche Ebene des Gedichts *Die Stadt*, indem du das Gedicht in der gelernten Art und Weise bearbeitest (Notizen am Rand und Markierungen). Allgemeine Aspekte kannst du im Folgenden stichpunktartig notieren: ___ von 14

Aufbau:

Lyrisches Ich, Adressat, Motive:

Form:

Sprache:

____

____

____

____

____

____

____

3 Formulieren der Interpretationsthese: Formuliere in ein bis zwei Sätzen deine Interpretationsthese. Achte hierbei darauf, dass sie möglichst treffend deine Deutung des Gedichts zusammenfasst. ___ von 2

____

____

____

____

____

____

____

4 Aussagekräftige Befunde auswählen und stichpunktartig interpretieren: Wähle für deine Interpretation aussagekräftige Befunde aus deiner Analyse aus und deute diese stichpunktartig in der folgenden Tabelle. ___ von 10

Allgemein zum Gedicht:	Deutung
______________________	______________________
______________________	______________________
______________________	______________________
______________________	______________________
______________________	______________________
______________________	______________________

1. Strophe	Deutung

2. Strophe	Deutung

3. Strophe	Deutung

Bewertungsvorschlag:

Note 1	Note 2	Note 3	Note 4	Note 5	Note 6
28–23 P.	22–18 P.	17–12 P.	11–8 P.	7–4 P.	unter 4 P.

Schritt 3: Schriftliche Ausarbeitung

1 Eine Gliederung erstellen

Die **schriftliche Ausarbeitung** überführt die bislang erarbeiteten Ergebnisse in einen Aufsatz. Vor Beginn der Niederschrift sollte immer eine übersichtlich ausgearbeitete **Gliederung** stehen, mit der man den Aufbau der Gedichtinterpretation plant. Für die Gliederung ist es wichtig, sich die **Aufgabenstellung** anzusehen. Denn häufig stellt diese bestimmte Aspekte oder Fragen in den Vordergrund, die es schwerpunktmäßig zu beachten gilt. Oft ist die Aufgabe aber auch **offen gestellt**.

Beispiele für Aufgabenstellungen

Aufgabenstellung ist offen

- Erschließe das folgende Gedicht.

oder hat einen analytischen Schwerpunkt

- Erschließe das folgende Gedicht. Gehe dabei besonders auf die sprachliche Gestaltung ein.

Bestimmter zusätzlicher Aspekt wird genannt

- Interpretiere das folgende Gedicht und zeige, inwieweit es ein typisches Gedicht für die Zeit der Romantik ist.
- Interpretiere das folgende Gedicht und prüfe, ob es sich um ein typisches Sonett handelt.

Gedichtvergleich

- Erschließe folgende Gedichte und vergleiche sie in Bezug auf Thematik und Aussage miteinander.
- Vergleiche die folgenden Gedichte hinsichtlich der Ausgestaltung des Abend- und Nachtmotivs.

Falls zusätzliche Aspekte zu beachten sind, ist es meist ratsam, diese schon in der Gliederung zu berücksichtigen.

Wissen

Gängige Gliederungsverfahren bei Gedichtinterpretationen sind:

- **Lineare Analyse:** Die Gliederung bildet einen **geradlinigen Durchgang** durch das Gedicht ab und folgt so seinem Aufbau. Die Interpretation baut sich im analytischen Nachvollzug des Gedichts auf. Dieses Verfahren bietet sich insbesondere bei offenen Fragestellungen oder Arbeitsaufträgen mit analytischem Schwerpunkt an. Es ist sinnvoll, dem Durchgang durch das Gedicht Beobachtungen voranzustellen, die den gesamten Text betreffen (z. B. Metrum, Reimfolge, ggf. lyrisches Ich).

- **Aspektbezogene Analyse:** Die Gliederung stellt **einen (oder mehrere) Aspekt(e) in den Vordergrund** und wird dementsprechend aufgebaut. Dies bietet sich vor allem an, wenn in der **Aufgabe** bestimmte Anforderungen (z. B. Einordnung nach Epochenmerkmalen) gestellt sind oder eine bestimmte Fragestellung zu erarbeiten ist.

TIPP

Die Gliederung kann aber auch **eigene Fragen** entwickeln und so einen Interpretationsansatz mit einem bestimmten Schwerpunkt aufstellen. Die eigene Fragestellung sollte den ganzen Gedichttext umspannen und sich nicht punktuell auf wenige Stellen konzentrieren. Dieses Verfahren ist eher zu empfehlen, wenn genügend Erfahrung und Routine im Umgang mit und im Interpretieren von Gedichten vorhanden ist.

Je nach Anforderung und Aufgabenstellung ist es auch möglich, die **einzelnen Gliederungsverfahren zu kombinieren** und beispielsweise erst nach einem geradlinigen Interpretationsdurchgang eine eigene oder geforderte Fragestellung zu diskutieren.

Der grundsätzliche **Aufbau jeder Gliederung** ist jedoch gleich und besteht aus drei Teilen: **Einleitung, Hauptteil** und **Schluss**. Die Gliederung soll helfen, bei der anschließenden Ausarbeitung dem roten Faden zu folgen. Dafür sollte jeder Punkt in der Gliederung zu einer **kurzen ausdrucksstarken Aussage** zusammengefasst werden. Die folgende Aufstellung stellt neben den Aufbau einer Gliederung (links) das Beispiel einer **aspektbezogenen Gliederung** zu **Falkes Gedicht „Zwei“** (vgl. Text 30, S. 81 f.) bei einer offenen Aufgabenstellung:

Gliederung allgemein	Beispielgliederung zu G. Falkes „Zwei“
1. Einleitung • Grundlegende Informationen zum Gedicht (Autor, Titel des Gedichts, ggf. Epoche etc.) • Kurze inhaltliche Orientierung und Interpretationsthese	**1. Einleitung** Bildhafte Sehnsuchtsdarstellung zweier getrennter Liebender in Gustav Falkes Gedicht „Zwei“ (1896)
2. Hauptteil • Interpretation des Gedichts: Zeigen der Wechselbeziehung zwischen Inhalt, Form und Sprache in der Grobstruktur (Gedichtform, inhaltlicher Aufbau, lyrisches Ich, Adressat etc.) und in der Feinstruktur (Stilfiguren, metrische Besonderheiten etc.) • Gegebenenfalls Beachtung zusätzlicher Aspekte (aus der Aufgabenstellung)	**2. Hauptteil** 2.1 Überblick über Inhalt und Aufbau des Gedichts 2.2 Zusammengehörigkeit des lyrischen Ichs und des Dus 2.3 Situation der Trennung und Sehnsucht 2.4 Darstellung bildhafter Erstarrung

3. Schluss	**3. Schluss**
• Abschließende Gesamtdeutung (mit Bestätigung oder gegebenenfalls Abwandlung der Interpretationsthese) • Gegebenenfalls kurze eigene Stellungnahme	Bildhafte Darstellung der getrennten „Zwei“ als Ausdruck eines reinen Seelenerlebnisses

39 Verfasse eine Gliederung zur Interpretation des Gedichts „Zwei“ von Gustav Falke (vgl. Text 30, S. 81 f.) nach dem Typ „Lineare Analyse“.

Gliederung zur Interpretation von G. Falkes Gedicht „Zwei“ – Lineare Analyse

1. Einleitung	
2. Hauptteil	
3. Schluss	

2 Den Interpretationsaufsatz verfassen

Nach dem Erstellen der Gliederung folgt nun die tatsächliche **Schreibarbeit**. Jeder Punkt, der in der Gliederung auftaucht, sollte auch in den Fließtext aufgenommen werden. Es bietet sich an, den Aufsatz entsprechend der Gliederungspunkte in Abschnitte zu unterteilen. So kann sich der Leser schnell im Text orientieren.

Wissen

Bei der schriftlichen Ausarbeitung sollten folgende Punkte beachtet werden:

- Der **Schreibstil** muss **sachlich** sein. Umgangssprache ist zu vermeiden. Eigene Formulierungen sollten sich vom direkten Wortlaut des lyrischen Textes unterscheiden, sich jedoch inhaltlich nicht vom Gedichttext entfernen.
- Die korrekte Verwendung von **Fachbegriffen** (wie beispielsweise *Metapher, Jambus* etc.) ist notwendig, um fachliche Kompetenz zu beweisen. Das Fachvokabular spricht für sich selbst und muss im Aufsatz **nicht** nochmals erläutert werden.
- Alle Aussagen, die über eine rein inhaltliche Beschreibung hinausgehen, sollten am Text durch **Zitate** belegt werden. Zitate dürfen nicht vom Wortlaut des Gedichts abweichen. Änderungen, die z. B. nötig sind, um ein Zitat in den eigenen Satzfluss einzufügen (beispielsweise durch eine Kasusanpassung), müssen markiert werden. Außerdem sollten Zitate nicht länger als nötig sein.

40 Kreuze an, welche der folgenden Formulierungen sachlich sind und welche nicht.

a) In der zweiten Strophe wird die Trennung durch den Strom beschrieben. Es bleibt allerdings unklar, wie es zu dieser für die beiden Liebenden schmerzhaften Situation gekommen ist. — sachlich ☐ nicht sachlich ☐

b) Die Trennung durch den Strom wirkt durch die Enjambements noch viel krasser. Das lyrische Ich und Du kann jetzt jeder – obwohl da ein breiter Strom ist – nur noch als lyrisches Wir erkennen. Die beiden sind echt arm dran. — sachlich ☐ nicht sachlich ☐

c) Die Verzweiflung und Vergeblichkeit des Versuchs, sich nahe zu kommen, werden durch den Parallelismus und die Anapher im letzten Vers wirksam unterstrichen. — sachlich ☐ nicht sachlich ☐

	sachlich	nicht sachlich
d) Sprachlosigkeit und Bewegungslosigkeit sind in der dritten Strophe total wichtig. Die Sehnsucht und der Schmerz dauern voll lange an.	☐	☐

41 Kreuze an, wo richtig und wo falsch aus Ringelnatz' Gedicht zitiert wird.

Text 31
JOACHIM RINGELNATZ (1883–1934)
Ein Pflasterstein, der war einmal

Ein Pflasterstein, der war einmal
Und wurde viel beschritten.
Er schrie: „Ich bin ein Mineral
Und muss mir ein für allemal
Dergleichen streng verbitten!"

Jedoch den Menschen fiel's nicht ein,
Mit ihm sich zu befassen,
Denn Pflasterstein bleibt Pflasterstein
Und muss sich treten lassen.

	richtig zitiert	falsch zitiert
a) „und wurde viel beschritten." (V. 2)	☐	☐
b) „er schrie: ich bin ein Mineral" (V. 3)	☐	☐
c) „ein für allemal" (V. 4)	☐	☐
d) „Jedoch den Menschen fiel's nicht ein" (V. 6)	☐	☐
e) Der Pflasterstein zählt sich zu den „Mineralen" (V. 3).	☐	☐

Am Beginn jeder Interpretation steht eine Einleitung. Darin sollen auf jeden Fall **grundlegende Informationen zum Text** (Titel, Autor, Textsorte, Entstehungszeitpunkt/Veröffentlichungsdatum) enthalten sein. Es bietet sich an, diese im ersten Satz des Aufsatzes unterzubringen.

42 Im folgenden Einleitungssatz zu Falkes Gedicht „Zwei" stehen an manchen Stellen mehrere Formulierungen zur Auswahl. Entscheide dich jeweils für die richtige bzw. bessere Formulierung, kreuze sie an und streiche die anderen durch.

☐ Der Text | ☐ Das Gedicht | ☐ Das Sonett „Zwei“ stammt aus ☐ dem Jahr 1896 | ☐ einer Textsammlung | ☐ aus den Jahren 1853–1916 und wurde von Gustav Falke ☐ erfunden | ☐ verfasst | ☐ überarbeitet.

Im Anschluss an diesen ersten Satz kannst du dem Leser eine erste inhaltliche Orientierung geben und deine Interpretationsthese vorstellen.

In einer linearen Gedichtinterpretation kann es sinnvoll sein, zu Beginn des Hauptteils allgemeine Aspekte des Gedichts, die sich nicht auf eine Strophe beschränken, zu thematisieren:

Beispiel

Gedicht allgemein

Sowohl das lyrische Ich als auch sein Gegenüber werden nicht weiter beschrieben: Es steht daher nicht ihre Individualität im Mittelpunkt, sondern vielmehr die in Aussagesätzen dargestellte äußere Situation, in der sich jedoch bildhaft die innerlich empfundene Sehnsucht nach dem jeweils anderen ausdrückt. Das Gedicht ist von einem regelmäßigen trochäischen Versmaß, einem auf das jeweilige Strophenende zulaufenden Kreuzreim (mit Waisen) sowie von zahlreichen Enjambements geprägt: Diese Gestaltung verleiht dem Gedicht einen strömenden Rhythmus, der nur an den Strophengrenzen vorübergehend zur Ruhe kommt und zum zentralen Bild des Flusses passt.

In einer linearen Gedichtinterpretation schließt dann die Untersuchung der einzelnen Strophen an. Ein ausgearbeiteter Punkt zu einer Strophe richtet sich dabei möglichst nach der folgenden Struktur (am Beispiel der Interpretation der 2. Strophe des Gedichts „Zwei“ von Gustav Falke)

Beispiel

These zu Strophe 2

In Strophe 2 werden die Trennung der beiden Liebenden durch den Fluss sowie deren Sehnsucht nach dem jeweils anderen unterstrichen.

Argumente (mit Belegen bzw. Zitaten)

+

Rückbezüge auf die These

Als Zeichen der Zusammengehörigkeit der beiden verwendet das lyrische Ich von nun an nicht mehr Personalpronomen im Singular, sondern nur noch im Plural (vgl. V. 5: „uns“). Die Zusammengehörigkeit steht dabei in Spannung zu ihrer Trennung, die durch das Enjambement „uns / Scheidet“ (V. 5/6) auf formaler Ebene gespiegelt wird. Von der großen Sehnsucht zeugt unter anderem ein Parallelismus: Die Doppelung „sich zu finden, sich zu fassen“ (V. 8) macht das verzweifelte Bemühen der beiden Liebenden deutlich, dem anderen nahe zu sein. Dass es dabei die „Schatten“ (V. 7) sind, die sich zu greifen versuchen, und nicht die Liebenden selbst, unterstreicht noch einmal ihre Entfernung und führt den Liebenden ihre schmerzhafte Situation vor Augen.

43 In der folgenden Interpretation zu Strophe 3 des Gedichts findest du einige Lücken. Fülle sie mit den Wörtern aus dem Wortspeicher. Dabei musst du die Wörter grammatikalisch dem Satzgefüge anpassen. Verwende jedes Wort nur einmal. Markiere im Anschluss die Interpretationsthese.

WORTSPEICHER

kommunizieren • verdeutlichen • führen • Personifikation • Ausdruck • zeugen • unterstreichen • wahrnehmen • betonen • eingehen

In der dritten Strophe ______ das lyrische Ich die Schmerzhaftigkeit der Trennung, indem es näher auf die beschränkten Kommunikationsmöglichkeiten ______. Die beiden Liebenden können miteinander nicht mündlich, sondern nur über die Gestik ______. Die ______ „Stammeln/Stirbt" (V. 9 f.) bringt die Unmöglichkeit zum ______, miteinander Worte zu wechseln. Die Wahl des Wortes „Sterben" ______ davon, dass diese Unmöglichkeit als sehr schmerzhaft ______ wird. Die Alliteration ______ die Bedeutung dieser beiden Worte und damit die Wortlosigkeit zusätzlich und wird mit dem Begriff „Stummen" (V. 12) noch fortgesetzt, mit dem der Mangel an mündlicher Kommunikation nochmals ______ wird. In dem Neologismus „Sehnsuchtswinke" (V. 12) verbindet das lyrische Ich das Gefühl der Sehnsucht mit der Gestik des Winkens und ______ so in einem Wort die innere und äußere Situation der Liebenden zusammen.

44 Formuliere für die erste Strophe des Gedichts „Zwei" von Gustav Falke (vgl. Seite 81–85) die Interpretation aus. Die Interpretation zur vierten Strophe kannst du in deinem → Heft ausarbeiten.

These zu Strophe 1	
	______
	______
	______
	______
	______

Argumente (mit Belegen bzw. Zitaten) + Rückbezüge auf die These	

Eine Interpretation ist ein anspruchsvolles Unterfangen, bei dem sich Fehler einschleichen können. Deshalb werden nochmals abschließend die **häufigsten Fehlerquellen** (und wie man diese vermeiden kann) zusammengefasst:

Fehler	Besser	
~~Die einzelnen Analyseergebnisse (z. B. stilistische Mittel) werden listenartig aufgezählt.~~	Analyseergebnisse miteinander verknüpfen und als Beleg für die Gesamtaussage des Gedichts anführen (z. B. stilistische Mittel mit Aussageabsicht verbinden)	✓
~~Es werden alle Analyseergebnisse für die Interpretation verwendet.~~	Nur die wichtigsten und für die Gesamtaussage des Gedichts relevanten Punkte aus der Analyse auswählen und in die Interpretation einfließen lassen (falls z. B. die Gedichtform keine besondere Aussage für das Gedicht besitzt, sollte man auch nicht weiter darauf eingehen)	✓

~~Die Interpretation erzählt den Inhalt des Gedichts nur nach.~~	Die reine inhaltliche Zusammenfassung möglichst kurz halten und in der anschließenden Interpretation den Inhalt immer mit formalen und sprachlichen Analyseergebnissen sowie Zitaten verknüpfen	✓
~~Die Interpretation entfernt sich zu weit vom eigentlichen Gedichttext.~~	Die Aussagen zum Gedicht immer mit kurzen Textzitaten belegen und sich so nicht zu freiem Assoziieren oder Fantasieren hinreißen lassen	✓
~~Die eigene Meinung steht bei der Gedichtinterpretation im Vordergrund.~~	Sich mit einem eigenen Urteil zurückhalten und es für den Schluss des Aufsatzes aufheben. Im Idealfall sollte die Tatsache, ob einem das Gedicht gefällt oder nicht, erst im abschließenden Fazit auftauchen und begründet werden	✓

Der **Schlussteil** eines Aufsatzes ist deshalb wichtig, weil er das Letzte ist, was der Leser liest, und er daher den Eindruck des Lesers stark mitprägt. Es bietet sich an, hier die **Ergebnisse** im Sinne eines Fazits **zusammenzufassen**. Der Schlussteil ist auch der Ort, an dem du knapp ein eigenes Urteil äußern oder auch eine kurze Reflexion der Gedichtdeutung vornehmen kannst.

45 Im folgenden Schlussteil zu Falkes Gedicht stehen an manchen Stellen zwei oder mehrere Formulierungen zur Auswahl. Entscheide dich jeweils für die sinnvollere Formulierung, kreuze sie an und streiche die anderen durch.

> Gustav Falkes Gedicht – so lässt sich zusammenfassend festhalten – verdeutlicht in ☐ der Wahrnehmung | ☐ dem Bild der durch einen Fluss getrennten Liebenden die seelische Intensität, die das Gefühl ☐ der Sehnsucht | ☐ des Hasses | ☐ der Freundschaft haben kann. Ihm geht es offenbar weniger um ein konkretes Erlebnis, sondern allgemeiner um ☐ eine selbst erlebte Situation | ☐ die Empfindung selbst. In meinen Augen ist das Gedicht allerdings – insbesondere durch die übertriebene Darstellung – zu weit von der Realität entfernt, um eine Einfühlung ☐ des Lesers | ☐ der Figuren in die Liebenden zu erreichen. Dieser Mangel an Identifikationsmöglichkeit macht dieses Gedicht für mich ☐ eher uninteressant | ☐ sehr interessant | ☐ äußerst überzeugend.

3 Sonderfall „Gedichtvergleich“

Eine häufige Aufgabenstellung in Klassenarbeiten ist der Vergleich von zwei lyrischen Texten. Prinzipiell unterscheidet sich dieser Arbeitsauftrag nicht zu sehr von einer Einzelinterpretation, da beide Gedichte meist ebenfalls analysiert und gedeutet werden müssen. Jedoch besteht die neue Herausforderung bei einem **Gedichtvergleich** darin, die **Interpretationen der beiden Texte** möglichst elegant **miteinander zu verbinden**.

Grundsätzlich können lyrische Texte in den üblichen **Analysekategorien verglichen** werden, nämlich nach

- Inhalt (z. B. Haltung des lyrischen Ichs, Motive etc.),
- Form (z. B. Gedichtform, metrische Gestaltung etc.),
- Sprache (z. B. Bildlichkeit, Klanglichkeit etc.).

Zunächst empfiehlt es sich beim Gedichtvergleich (wie bei der Interpretation eines Einzeltextes), genau auf den **Arbeitsauftrag** zu achten. Da sich beim Gedichtvergleich die Analyse- und Interpretationsarbeit verdoppelt, wird nämlich in der Regel schon in der Aufgabenstellung ein bestimmter **Vergleichsaspekt vorgegeben**. Meist lassen sich Gedichtvergleiche einer der folgenden Kategorien zuordnen:

Gedichtvergleich nach …

- **Thema/Motiv**
  Die Gedichte besitzen dasselbe Thema oder Motiv, das meist auf unterschiedliche Art und Weise dargestellt wird.
- **Epochenmerkmalen**
  Die Gedichte sind themenverschieden, stammen aber aus derselben Epoche.
- **Verfassertypischen Merkmalen**
  Die Gedichte sind von demselben Autor verfasst. Es werden entweder zwei unterschiedliche Texte miteinander verglichen oder zwei Versionen desselben Gedichts einander gegenübergestellt.

Die Analysearbeit sollte sich dann auf den in der Aufgabe genannten Punkt konzentrieren und darf deshalb **weniger umfassend** als bei einer Einzeluntersuchung ausfallen. Fehlt im Arbeitsauftrag ein solcher Schwerpunkt, so ist es unumgänglich, selbst **einen oder mehrere Aspekte zu wählen**, die als roter Faden dienen. Bezogen auf diese Aspekte ist aber die **gleiche Vorgehensweise** zu empfehlen, wie es auch für die Gedichtanalyse im Allgemeinen gilt (vgl. Schritt 1 und 2).

Wissen

Mögliche Gliederungsverfahren für den Gedichtvergleich sind:

- **Variante 1:** Die Gliederung bildet einen voneinander unabhängigen **Durchgang** durch beide Gedichte ab. Erst danach folgt eine **vergleichende Gegenüberstellung** der lyrischen Texte hinsichtlich ihrer Gemeinsamkeiten und Unterschiede.
- **Variante 2:** Der (vorgegebene oder selbst gewählte) **Vergleichsaspekt** ist der Ausgangspunkt für die Interpretation des Gedichts und steht auch in der Gliederung im Vordergrund. Die Gedichte werden **parallel** auf diesen Aspekt hin interpretiert. Dieses Verfahren ist methodisch anspruchsvoll, aber auch **eine der elegantesten Lösungen** für den Gedichtvergleich.
- **Variante 3:** Bei gewissen Aufgabenstellungen bietet sich eine Zweiteilung der Gliederung an, bei der die **Parallelen** und **Unterschiede** der Gedichte herausgearbeitet und anschließend kontrastierend gegeneinander abgewägt werden.

46 Notiere neben den folgenden Übersichten, um welche Gliederungsvariante es sich jeweils handelt.

Gliederung	Variante
1. Einleitung **2. Hauptteil** 2.1 Interpretation Gedicht A 2.2 Interpretation Gedicht B 2.3 Vergleich **3. Schluss**	
1. Einleitung **2. Hauptteil** 2.1 Gemeinsamkeiten der Gedichte 2.2 Unterschiede der Gedichte 2.3 Abwägung **3. Schluss**	
1. Einleitung **2. Hauptteil** 2.1 Vergleichsaspekt(e) vorstellen 2.2 Aspekt 1 in Gedicht A und B 2.3 ggf. Aspekt 2 in Gedicht A und B usw. **3. Schluss**	

Zusammenfassung – Schriftliche Ausarbeitung

Die schriftliche Ausarbeitung ist der letzte Schritt der Interpretation. Auch hier können durch Beachtung weniger, aber wichtiger Punkte viele Fehler bereits im Voraus vermieden werden.

Wissen

Die **wichtigsten Fragen** zu der Gliederung und der schriftlichen Ausarbeitung des Aufsatzes sind hier nochmals aufgeführt:

- Was genau verlangt die Aufgabenstellung?
- Welches Gliederungsverfahren eignet sich am besten? Besitzt die Gliederung einen erkennbaren roten Faden? Sind alle für die Interpretation wichtigen Aussagepunkte in der Gliederung erfasst?
- Ist bei der schriftlichen Ausarbeitung der Schreibstil sachlich? Werden Fachausdrücke (korrekt) verwendet? Sind die Aussagen an kurzen, sinnfälligen Zitaten belegt?

Ernstfall Klassenarbeit: Das richtige Zeitmanagement

Ein bekanntes Problem bei der Erstellung einer Gedichtinterpretation ist ein falsches **Zeitmanagement**: Häufig verliert man sich in der Fülle der Analyseergebnisse, verbringt zu viel Zeit mit dem Erstellen einer Deutung oder verfällt in hektische Panik, falls man nicht sogleich etwas zu Papier bringen kann. Deshalb ist es eine große Hilfe und Stütze, sich schon im Voraus einen ungefähren **Zeitplan zurechtzulegen**. Im Regelfall stehen für die Lektüre und Bearbeitung eines Gedichts in der 9./10. Jahrgangsstufe ca. **90 bis 100 Minuten zur Verfügung**. Als sinnvolle Zeitplanung bei 100 Minuten wäre folgende Einteilung zu empfehlen:

Lektüre und erste inhaltliche Orientierung	→ ca. 10 Min.
Analyse (Inhalt, Form, Sprache) und Interpretation	→ ca. 30 Min.
Anfertigung der Gliederung	→ ca. 10 Min.
Schriftliche Ausarbeitung	→ ca. 45 Min.
Überarbeitung / Korrekturlesen	→ ca. 5 Min.

TIPP

Setze zur Zeitersparnis bei der Analyse Schwerpunkte. Beachte dabei vor allem, was deiner Lehrerin/deinem Lehrer wichtig ist und was ihr im Unterricht durchgenommen habt.

Test 5

(Zeitrahmen: 50 Min.)

THEODOR STORM (1817–1888)
Die Stadt (1852)

Am grauen Strand, am grauen Meer
Und seitab liegt die Stadt;
Der Nebel drückt die Dächer schwer,
Und durch die Stille braust das Meer
Eintönig um die Stadt.

Es rauscht kein Wald, es schlägt im Mai
Kein Vogel ohn Unterlaß;
Die Wandergans mit hartem Schrei
Nur fliegt in Herbstesnacht vorbei,
Am Strande weht das Gras.

Doch hängt mein ganzes Herz an dir,
Du graue Stadt am Meer;
Der Jugend Zauber für und für
Ruht lächelnd doch auf dir, auf dir,
Du graue Stadt am Meer.

1 Vergegenwärtige dir noch einmal die Ergebnisse aus dem vorangehenden Test zu Storms Gedicht *Die Stadt*. Verfasse dann eine Gliederung nach dem Typ „Lineare Analyse" zu deiner Interpretation des Gedichts. **___ von 6**

Gliederung zur Interpretation des Gedichts „Die Stadt" von Theodor Storm

1. Einleitung	______________________________
	______________________________
	______________________________
	______________________________
	______________________________

2. Hauptteil	______________________________
3. Schluss	______________________________

2 Formuliere eine Einleitung zu deiner Interpretation (→ Heft). ___ von 4

3 Formuliere nun entsprechend deiner Gliederung den Hauptteil deiner Interpretation aus (→ Heft). ___ von 24

4 Formuliere einen Schlussteil zu deiner Interpretation (→ Heft). ___ von 4

5 Überarbeite nun noch deinen Text, indem du ihn noch einmal durchliest und Fehler ausbesserst (→ Heft). ___ von 2

Bewertungsvorschlag:

Note 1	Note 2	Note 3	Note 4	Note 5	Note 6
40–31 P.	30–24 P.	23–19 P.	18–13 P.	12–6 P.	unter 6 P.

Lösungen

Schritt 1 A: Analyse – Inhaltliche Ebene

1 Die folgenden Punkte könnte man – sofern man die Autoren Eichendorff und Benn sowie die Epochen Romantik und Expressionismus kennt – notieren:

Joseph von Eichendorff: „Mondnacht“	Gottfried Benn: „Schöne Jugend“
Joseph von Eichendorff (1788–1857) • bedeutender Vertreter der Romantik • Lyrik und Prosa mit typisch romantischen Stimmungen, Figuren oder Landschaftsbeschreibungen • zuletzt Beamter im Staatsdienst, suchte aber stets Kontakt zu Schriftstellerkollegen	**Gottfried Benn** (1886–1956) • arbeitete als Arzt und Pathologe • erhielt von den Nationalsozialisten Schreibverbot • verbindet in seiner Lyrik häufig Versatzstücke aus Medizin, Technik, Mythologie und Umgangssprache
Epoche: Romantik (ca. 1790–1850) • Abwendung vom Vernunftglauben der Aufklärung • Sehnsucht nach Harmonie und innerer Einheit • Rückzug in Natur	**Epoche: Expressionismus** (ca. 1910–1925) • Zeit nach der Jahrhundertwende und z. T. während des Ersten Weltkriegs • Hinwendung zu subjektiven und visionären Themen (z. B. Großstadt) • Experimente mit der Sprache
Titel „Mondnacht“ • „Mond“ und „Nacht“ zentrale inhaltliche Elemente • Gedanken über eine Mondnacht? • Situation in einer Mondnacht?	**Titel „Schöne Jugend“** • positive Bewertung der Jugend (= Zeit des Heranwachsens) • Nachdenken über das Heranwachsen? • Beschreibung einer idealen Jugend?
Leseerwartungen zum Titel „Mondnacht“ • Beschreibung einer idyllischen Mondnacht • Landschaftsschilderungen • Mond im Zentrum der Darstellung	**Leseerwartung zum Titel „Schöne Jugend“** • Darstellung einer schönen und harmonischen Jugend • Aufwachsen eines Kindes • Geborgenheit und Familienharmonie

2

Text 1 – Vergleich Titel und Inhalt	Text 2 – Vergleich Titel und Inhalt
Tatsächlicher Inhalt: Der Mond steht in dem Gedicht zwar nicht im Mittelpunkt, aber sein Schein und Licht durchdringen die gesamte Landschaft und hüllen alles in eine Art traumhafte und sehnsuchtsvolle Atmosphäre.	**Tatsächlicher Inhalt:** Es geht um junge Ratten, die im Körper eines toten Mädchens eine schöne Jugend verlebt haben.
→ Leseerwartung und Inhalt des Gedichts stimmen weitgehend überein.	→ Titel und Gedichttext stehen in einem bewussten Kontrast zueinander.

3 **Text 1:** *Mondnacht*

a) Es geht um eine vom Mondlicht eingehüllte Landschaft.

b) Es wird zum einen eine Landschaft in einer Mondnacht beschrieben und zum anderen eine tiefe innere Sehnsuchtsempfindung ausgedrückt.

c) Ja. Der zeitliche Bezugspunkt ist eine Nacht, in der der Mond scheint; ein Verlauf oder eine Entwicklung ist nicht festzustellen.

d) Ja. In dem Gedicht ist zwar die vom Mond beschienene Landschaft Ort des Geschehens, dennoch scheint die innere Perspektive des lyrischen Ichs beim „Anblick“ der Landschaft im Mittelpunkt zu stehen.

Text 2: *Schöne Jugend*

a) Es geht um Ratten in einer Mädchenleiche, die bei der Leichenöffnung gefunden werden.

b) Das Gedicht berichtet von einer Mädchenleiche und dem Leben von jungen Ratten darin, die anschließend ins Wasser geworfen werden. Dabei werden der tote Körper des Mädchens und das Leben der Ratten als äußeres Geschehen weitgehend sachlich beschrieben.

c) Ja. In dem Gedicht lässt sich ein zeitlicher Verlauf eines Geschehens feststellen: die Mädchenleiche – der Fund des Rattennestes – die Tötung der jungen Ratten.

d) Ja. Das Mädchen wird im Schilf gefunden, weshalb das Gedicht vielleicht an einem See oder Fluss spielt. Die Perspektive scheint die eines Beobachters zu sein, der das Geschehen möglicherweise miterlebt hat.

4 **Text 3:**

JOHANN WOLFGANG VON GOETHE (1749–1832)

Der Fischer (1779)

Das Wasser rauscht', das Wasser schwoll,
Ein Fischer saß daran,
Sah nach dem Angel ruhevoll,
Kühl bis ans Herz hinan.
Und wie er sitzt und wie er lauscht,
Teilt sich die Flut empor;
Aus dem bewegten Wasser rauscht
Ein feuchtes Weib hervor.

Ein Fischer angelt, als plötzlich eine Nixe auftaucht.

Sie sang zu ihm, sie sprach zu ihm:
„Was lockst du meine Brut
Mit Menschenwitz und Menschenlist
Hinauf in Todesglut?
Ach wüßtest du, wie's Fischlein ist
So wohlig auf dem Grund,
Du stiegst herunter, wie du bist,
Und würdest erst gesund.

Die Nixe versucht den Fischer zu überzeugen, wie viel besser es für den Menschen wäre, auf dem Meeresgrund zu sein.
Argument: Im Wasser ist es so schön.

Labt sich die liebe Sonne nicht,
Der Mond sich nicht im Meer?
Kehrt wellenatmend ihr Gesicht
Nicht doppelt schöner her?
Lockt dich der tiefe Himmel nicht,
Das feuchtverklärte Blau?
Lockt dich dein eigen Angesicht
Nicht her in ew'gen Tau?"

Die Nixe versucht weiter, den Fischer für sich und die Tiefe zu gewinnen.
Argument: Wasser und Spiegelungen darin sind verlockend.

Das Wasser rauscht', das Wasser schwoll,
Netzt' ihm den nackten Fuß;
Sein Herz wuchs ihm so sehnsuchtsvoll,
Wie bei der Liebsten Gruß.
Sie sprach zu ihm, sie sang zu ihm;
Da war's um ihn geschehn:
Halb zog sie ihn, halb sank er hin,
Und ward nicht mehr gesehn.

Der Fischer gibt der Nixe nach und sie zieht ihn zu sich ins Wasser.

5 **Text 4**: *Patrouille*

☒ kein lyrisches Ich fassbar

Beschreibung des lyrischen Sprechers: In dem Gedicht lässt sich kein konkretes lyrisches Ich als Sprecherinstanz ausmachen. Vielmehr spricht ein lyrisches Subjekt aus dem „Off", sodass hier der Ausdruck des Gedichts im Vordergrund steht – und nicht die Beziehung des poetischen Sprechers zu dem Gesagten.

Text 5: *Der Schatzgräber*

☒ lyrisches Ich als Rollen-Ich

Beschreibung des lyrischen Sprechers: Das lyrische Ich ist durch die Personal- und Possessivpronomen im Gedicht klar fassbar. Wie der Titel schon andeutet, spricht der poetische Sprecher jedoch in der Rolle eines Schatzgräbers und aus dessen Perspektive.

Text 6: *sommerlied*

☒ lyrisches „Wir" klar fassbar

Beschreibung des lyrischen Sprechers: Der Plural der Personalpronomen macht deutlich, dass es sich um ein lyrisches „Wir" handelt. Der Sprecher ordnet sich damit einer bestimmten Gruppe zu. Hier scheint der poetische Sprecher damit die gesamte Menschheit zu meinen, sodass er auf diese Weise auch den Leser in das „Wir" des Gedichts aufnimmt.

Text 7: *Vom armen B. B.*

☒ lyrisches Ich klar fassbar

Beschreibung des lyrischen Sprechers: Im Gedicht wird schon im ersten Wort deutlich, dass ein lyrisches Ich klar fassbar ist. Das Besondere ist, dass der poetische Sprecher sich selbst beim Namen („Bertold Brecht") nennt und dieser mit dem Autor übereinstimmt.
VORSICHT: Gewisse biografische Parallelen lägen demnach zwar nahe, dürfen aber auf keinen Fall in der Analyse im Vordergrund stehen oder zu stark einfließen. Das lyrische Ich, das hier im Gedicht spricht, ist nicht mit dem Autor gleichzusetzen (auch wenn beide den gleichen Namen tragen).

6 a) Der **Adressat ist klar erkennbar**, denn er wird im Untertitel genannt („An seinen Durchlauchtigen Tyrannen") und im Gedicht direkt angesprochen („Fürst", „Tyrann")

Beziehung „lyrisches Ich – Adressat“:

- Das lyrische Ich tritt in der Rolle des „Bauern“ auf und der Adressat ist ein „Fürst/Tyrann“.
- Diese Konstellation „Bauer – Fürst/Tyrann“ ist allgemein von sozialer Ungleichheit, Abhängigkeit und einem unausgeglichenen Machtverhältnis geprägt.
- Zunächst nennt das lyrische Ich den Adressaten „Fürst“, was noch keinen negativen Beigeschmack hat. Im Gedichtverlauf beschreibt der Sprecher jedoch die unterdrückenden Handlungen des „Fürsten“ und bezeichnet ihn zum Schluss als „Tyrann“.
- Die sozial ungleiche, aber respektvolle Beziehung „Bauer/Fürst“ entpuppt sich als „Bauer/Tyrann“-Beziehung, in der Ausbeutung und Unterdrückung herrschen.

b) **Mögliche Einkreisungen:** Anklage, Tadel, Belehrung, Vorwurf

Mögliche eigene Ergänzung: Distanz
Begründung: Das lyrische Ich tritt in der Rolle des Bauern auf und klagt den vermeintlichen Fürsten wegen seiner Taten an. Deutlich wirft er in einer aggressiven Haltung dem Fürsten seine tyrannischen Handlungen vor und belehrt ihn dabei, dass er kein von Gott eingesetzter, guter Landesherr ist.

7 Text 8:

JOSEPH VON EICHENDORFF (1788–1857)
Mondnacht (1837)

Es war, als hätt der Himmel
Die Erde still geküßt,
Daß sie im Blütenschimmer
Von ihm nun träumen müßt.

Die „Mondnacht“ ist das zentrale Motiv (hell hinterlegt), …

Die Luft ging durch die Felder,
Die Ähren wogten sacht,
Es rauschten leis die Wälder,
So sternklar war die Nacht.

… ist in einer ruhigen und sanften (dunkel hinterlegt) Atmosphäre beschrieben …

Und meine Seele spannte
Weit ihre Flügel aus,
Flog durch die stillen Lande,
Als flöge sie nach Haus.

… und beflügelt die Seelenwelt des lyrischen Ichs (grau hinterlegt).

8 a) **Text 9:**

ACHIM VON ARNIM (1781–1831)

Ritt im Mondschein (1820)

Herz zum Herzen ist nicht weit
Unter lichten Sternen,
Und das Aug, von Tau geweiht,
Blickt zu lieben Fernen;
Unterm Hufschlag klingt die Welt,
Und die Himmel schweigen,
Zwischen beiden mir gesellt
Will der Mond sich zeigen.

Zeigt sich heut in roter Glut
An dem Erdenrande,
Gleich als ob mit heißem Blut
Er auf Erden lande,
Doch nun flieht er scheu empor,
Glänzt in reinem Lichte,
Und ich scheue mich auch vor
Seinem Angesichte.

Die „Mondnacht" ist das zentrale Motiv (hell hinterlegt) und …

… scheint der (inneren) Verbindung zweier Liebender (dunkel hinterlegt) förderlich zu sein, …

… erhält aber im Gedichtverlauf für das Ich unbehagliche und bedrohliche Züge (grau hinterlegt).

b)

Gemeinsamkeiten in der Motivgestaltung	Unterschiede in der Motivgestaltung
• In beiden Gedichten ist die Mondnacht ein zentrales Motiv. • Nachtatmosphäre, Sterne, Himmel und die besonderen Lichtverhältnisse im Mondschein stellen in beiden Gedichten wichtige Beschreibungsmerkmale für die Mondnacht dar.	• In dem Gedicht *Ritt im Mondschein* steht der Mond tatsächlich zentral im Mittelpunkt des Gedichts und wird direkt beschrieben. Im Gegensatz dazu wird in dem Gedicht *Mondnacht* der Mond nur indirekt erwähnt und es geht eher um die Stimmung, die er erzeugt. • Die Gefühle, Bilder wie auch die erzeugte Atmosphäre, die mit der Mondnacht verbunden werden, unterscheiden sich: In dem Gedicht *Mondnacht* ist die Stimmung traumhaft, sanft und sehnsuchtsvoll; in *Ritt im Mondschein* hat sie dagegen auch eine unangenehme Dimension.

Test 1

Kennzeichnung der möglichen Punkte:
Halbe Punkte: ✗
Ganze Punkte: ✓

1 **Leseerwartung aufgrund des Titels:** ✓
Beschreibung einer Stadt oder gedanklicher Rundgang durch diese

Entstehungszeit/literarische Epoche: ✓
Realismus (ca. 1848–1880)

- Nachdenken über die aktuellen Gegebenheiten der Zeit (politisch, sozial, etc.)
- detailgetreue Darstellung der Wirklichkeit
- Kunst soll helfen, die großen Zusammenhänge zwischen den Dingen (z. B. Mensch und Welt) sichtbar zu machen

Autor: Theodor Storm (1817–1888): ✓

- aufgewachsen in Norddeutschland
- ist auch als bedeutender Autor von Novellen (z. B. Der Schimmelreiter) bekannt
- Vertreter des Realismus, aber auch noch etwas mit der Romantik verbunden
- thematisiert oft Heimat, Familie oder Liebe, meist jedoch in einer leicht pessimistischen, gedrückten Stimmung

Hinweis zur Selbstbewertung: Eine Notiz pro Aspekt genügt für die volle Punktzahl.

2 a) Zentrales Thema in dem Gedicht ist eine Stadt am Meer. ✓✓

b) In dem Gedicht beschreibt der poetische Sprecher eine bestimmte, ihm bekannte Stadt, die sich am Meer befindet und der er emotional stark verbunden ist (✓). Neben die äußere Beschreibung der Stadt tritt die Verdeutlichung der Innenwelt des Sprechers (✓).

c) Die Leseerwartung erfüllt sich bei der Lektüre des Gedichts. ✓

d) Ja. Die Wörter „Mai“ und „Herbstesnacht“ zeigen, dass die Beschreibung der Stadt über die Jahreszeiten hinweg erfolgt (✓). Einen zeitlichen Bezugspunkt gibt es auch insofern, als zwei Zeitpunkte (✓) verknüpft werden: die Gegenwart der Stadtbeschreibung und die „Jugend“ (V. 13), die das lyrische Ich offenbar in dieser Stadt verbracht hat.

e) Ja. Zentraler örtlicher Bezugspunkt für die Gedanken des Sprechers ist die Stadt am Meer (✓). In die Außenperspektive (äußere Beschreibung der Stadt) mischt sich die Innenperspektive (emotionale Beziehung des Ichs zur Stadt) (✓).

f) Das Gedicht hat drei Strophen. Strophe 1 und 2 bilden dabei eine Einheit:
- *Sinnabschnitt 1:*
  1. Strophe und 2. Strophe (V. 1–10): Stadtbeschreibung mit Hinweisen zur Lage, zum Aussehen, zu Geräuschen etc. ✓
- *Sinnabschnitt 2:*
  3. Strophe (V. 11–15): trotz der Trostlosigkeit der Stadt innige Beziehung des lyrischen Ichs zu dieser ✓

Es ist auch eine Gliederung entsprechend der drei Strophen möglich.

3 ☒ lyrisches Ich klar fassbar ✓

Beschreibung des lyrischen Sprechers: Zunächst ist kein lyrisches Ich fassbar. Erst in der dritten Strophe tritt es („mein“, V. 11) auf, indem es seine Beziehung zur Stadt am Meer darstellt und seine als positiv empfundene und tiefe Verbundenheit mit dem Ort, den es aus der Jugend kennt, offenbart. ✓✓

Hinweis zur Selbstbewertung: Für die volle Punktzahl musst du nicht auf alle Aspekte des Lösungsvorschlages kommen.

4 ☒ bestimmbarer Adressat ✓

Beschreibung der Sprechhaltung/des Bezugs des Sprechers zum Adressaten: In dem Gedicht wird die graue Stadt am Meer mit dem Personalpronomen „du“ (vgl. V. 12 und 15) direkt angesprochen (✓). Das lyrische Ich bekennt seine tiefe und innig empfundene Verbundenheit (✓) mit der Stadt, indem es ihr unmittelbar seine Gefühle offenbart (vgl. V. 11). Die Beziehung zwischen dem poetischen Sprecher und der Stadt am Meer ist vor allem durch die positive Jugenderinnerung (✓) geprägt. Der Anredegestus, mit dem das Ich mit dem Du in Kontakt tritt, ist dementsprechend stark und unvermittelt intensiv (✓). Die Ansprache ähnelt einer Liebesbekundung (✓).

Hinweis zur Selbstbewertung: Für die volle Punktzahl musst du nicht auf alle Aspekte des Lösungsvorschlages kommen.

5 *Mögliche Lösung:*

THEODOR STORM (1817–1888)

Die Stadt (1852)

Am grauen Strand, am grauen Meer
Und seitab liegt die Stadt;
Der Nebel drückt die Dächer schwer,
Und durch die Stille braust das Meer
Eintönig um die Stadt.

Es rauscht kein Wald, es schlägt im Mai
Kein Vogel ohn Unterlaß;
Die Wandergans mit hartem Schrei
Nur fliegt in Herbstesnacht vorbei,
Am Strande weht das Gras.

Doch hängt mein ganzes Herz an dir,
Du graue Stadt am Meer;
Der Jugend Zauber für und für
Ruht lächelnd doch auf dir, auf dir,
Du graue Stadt am Meer.

Die „Stadt" ist das zentrale Motiv (hell hinterlegt) und … ✓

…wird in einer tristen, trostlosen und abweisenden Atmosphäre (grau hinterlegt) beschrieben, … ✓✓

der zum Schluss die positiven und melancholisch-sehnsuchtsvollen Gefühle des Ichs (dunkel hinterlegt) entgegengesetzt werden. ✓✓

Schritt 1 B: Analyse – Formale Ebene

9

Worte	Jambus	Trochäus	Daktylus	Anapäst
Elefant	☐	☐	☐	☒
Ananas	☐	☐	☒	☐
Tulpe	☐	☒	☐	☐
Untergang	☐	☐	☒	☐
Gefahr	☒	☐	☐	☐
ausverkauft	☐	☐	☒	☐
Arbeit	☐	☒	☐	☐
zuletzt	☒	☐	☐	☐
Paradies	☐	☐	☐	☒
Wasser	☐	☒	☐	☐

10

Wir betreten feuertrunken Himmlische, dein Heiligtum.	→	vierhebiger Trochäus (mit fehlender Silbe in V. 2)
Da ergreift's ihm die Seele mit Himmelsgewalt, Und es blitzt aus den Augen ihm kühn, Und er siehet erröten die schöne Gestalt [...].	→	vierhebiger Anapäst (V. 1 und 3) dreihebiger Anapäst (V. 2)
Wollt ihr die Freiheit, so seid keine Knechte. Wollt ihr das Gute, so schaffet das Rechte.	→	vierhebiger Daktylus (mit fehlender Silbe am Ende der Verse)
Als jüngst die Nacht dem sonnenmüden Land Der Dämmrung leise Boten hat gesandt, Da lag ich einsam noch in Waldes Moose.	→	fünfhebiger Jambus (mit einer überzähligen Silbe in V. 3)

11 Text 10:

DETLEV VON LILIENCRON (1844–1909)

Der Blitzzug (Auszug)

Quer durch Europa von Westen nach Osten
Rüttert und rattert die Bahnmelodie.
Gilt es die Seligkeit schneller zu kosten?
Kommt er zu spät an im Himmelslogis?

Kadenzen:

	weiblich	männlich
V. 1:	☒	☐
V. 2:	☐	☒
V. 3:	☒	☐
V. 4:	☐	☒

Metrum: vierhebiger Daktylus

Text 11:

CHRISTIAN FR. D. SCHUBART (1739–1791)

Die Forelle (Auszug)

In einem Bächlein helle,
Da schoß in froher Eil
Die launige Forelle
Vorüber wie ein Pfeil.

Kadenzen:

	weiblich	männlich
V. 1:	☒	☐
V. 2:	☐	☒
V. 3:	☒	☐
V. 4:	☐	☒

Metrum: dreihebiger Jambus

Text 12:

GOTTFRIED AUGUST BÜRGER (1747–1794)

Spinnerlied (Auszug)

Hurre, hurre, hurre!
Schnurre, Rädchen, schnurre!
Trille, Rädchen, lang und fein,
Trille fein ein Fädelein,
Mir zum Busenschleier.

Kadenzen:

	weiblich	männlich
V. 1:	☒	☐
V. 2:	☒	☐
V. 3:	☐	☒
V. 4:	☐	☒
V. 5:	☒	☐

Metrum: dreihebiger (V. 1, 2 und 5) bzw. vierhebiger (V. 3 und 4) Trochäus (mit fehlender Silbe am Ende von V. 3 und 4)

Text 13:
ANDREAS GRYPHIUS (1616–1664)
Menschliches Elende (Auszug)

Was sind wir Menschen doch? Ein Wohnhaus grimmer Schmerzen,
Ein Ball des falschen Glücks, ein Irrlicht dieser Zeit,
Ein Schauplatz herber Angst, besetzt mit scharfem Leid,
Ein bald verschmelzter Schnee und abgebrannte Kerzen.

Kadenzen:

V. 1: [X] weiblich [ ] männlich
V. 2: [ ] weiblich [X] männlich
V. 3: [ ] weiblich [X] männlich
V. 4: [X] weiblich [ ] männlich

Metrum: sechshebiger Jambus

12 **Text 10:** *Der Blitzzug*
Der Rhythmus wirkt **strömend** und **steigend**.

Begründung: Die ersten beiden Verse haben einen strömenden Rhythmus, das Metrum wird nicht durch Zäsuren oder Ähnliches gestört. Weniger strömend wirken die Verse 3 und 4, die jeweils einem Satz entsprechen. Der Rhythmus ist hier insofern steigend, als die Fragen ein Heben der Stimme am Versende nahelegen.

Text 11: *Die Forelle*
Der Rhythmus wirkt **fließend** und **strömend**.

Begründung: Der Leser wird schnell durch das Gedicht geleitet. Die kurzen Verse und das Metrum (Jamben) begünstigen ein schnelles Lesen, sodass der Rhythmus ebenso wie die Forelle an Geschwindigkeit gewinnt. Die Verse „fließen" ineinander über. Es wird der Eindruck schnell fließenden Wassers erzeugt.

Text 12: *Spinnerlied*
Der Rhythmus wirkt **strömend** und **stoßend**.

Begründung: Beim Lesen entsteht insbesondere durch die Wortwiederholungen und die Reime am Versende sowie innerhalb der Verse der Eindruck einer regelmäßigen, aber sehr schnellen stoßenden Bewegung. Stoßend wirkt der Rhythmus auch durch das Zusammenfallen von Vers und kurzem Imperativsatz (V. 1 und 2).

Text 13: *Menschliches Elende*

Der Rhythmus wirkt **stockend, fallend** und **steigend**.

Begründung: Der Leser gerät in der Mitte der Verse 1 und 2 ins Stocken. Es entsteht ein rhythmischer Einschnitt (Zäsur), der die inhaltliche Aussage des Verses in zwei Teile gliedert. Das stockende Lesen wird durch die Aufzählung verschiedener mit Komma oder „und" abgetrennter Aspekte noch gefördert. Der Vers, der zu Beginn ansteigt, fällt nach der Zäsur zum Ende hin ab.

13 Das Gedicht *Menschliches Elende* besteht aus Alexandrinern.

14 Ausgefüllter Lückentext:

Das metrische Schema wirkt durch die regelmäßigen Jamben kraftvoll und geradlinig. Die durchgehend männlichen Kadenzen, mit denen die Verse schließen, verleihen dem Gesagten Nachdruck. So wird die leidenschaftliche Anklage des Adressaten (des Fürsten/Tyrannen) durch das lyrische Ich (den Bauer) noch eindringlicher. Jambische Verse haben in der Regel einen Auftakt. Dieser wird in „Der Bauer"jedoch teilweise durch Tonbeugungen aufgelöst (vgl. z. B. V. 1, 13, 15, 16). Sie werden in vielen Versen bei der Anrede des Fürsten verwendet, sodass der direkte Vorwurf an diesen Adressaten besonders hervorgehoben wird. An anderer Stelle wird eine Tonbeugung eingesetzt, um die Besitzansprüche des lyrischen Ichs bzw. der Bauern allgemein zu verdeutlichen (vgl. V. 15). Durch die Abweichungen vom metrischen Schema wird zudem die Unmittelbarkeit der flammenden Rede verstärkt.

15 **Text 14:**

GOTTHOLD EPHRAIM LESSING (1729–1781)

Die Ewigkeit gewisser Gedichte

Verse, wie sie Bassus schreibt,	a
Werden unvergänglich bleiben: –	b
Weil dergleichen Zeug zu schreiben,	b
Stets ein Stümper übrig bleibt.	a

Reimschema: umarmender Reim

Text 15:
JOSEPH VON EICHENDORFF (1788–1857)
Wünschelrute

Schläft ein Lied in allen Dingen, **a**
Die da träumen fort und fort, **b**
Und die Welt hebt an zu singen, **a**
Triffst du nur das Zauberwort. **b**

Reimschema: Kreuzreim

Text 16:
DETLEV VON LILIENCRON (1844–1909)
Die Musik kommt (Auszug)

Klingling, bumbum und tschingdada, **a**
Zieht im Triumph der Perserschah? **a**
Und um die Ecke brausend bricht's **b**
Wie Tubaton des Weltgerichts, **b**
    Voran der Schellenträger. ×

Reimschema: Paarreim mit Waise

Text 17:
Aus: DES KNABEN WUNDERHORN
Der Fürstentochter Tod (Auszug)

Es fuhr gen Acker ein grober Baur, **a**
Arbeitet wacker im Schweiß so sau'r, **a**
Im Frühling, Märzen, Mai, April, **b**
Im Feld standen der Blümlein viel, **b**
Die ihn anlachten in der Still. **b**

Reimschema: Paarreim mit Haufenreim

16 **Text 18:**
JOHANN GEORG GREFLINGER (um 1620–1677)
Gegensatz (Auszug)

An eine sehr häßliche Jungfrau

Graues Haar voll Läus und Nisse, **a**
Augen von Scharlach, voll Flüsse, **a**
Blaues Maul voll kleiner Knochen, **b**
Halb verrost und halb zerbrochen. **b**
[…]

Du bist so ein Alabaster c
Als ein wohlberegntes Pflaster, c
Aller Ungestalt ein Spiegel, **d**
Aller Schönen Steigebügel **d**

Text 19:

CHRISTIAN FR. HEBBEL (1813–1863)

Nachtlied

Quellende, schwellende Nacht, a
Voll von Lichtern und Sternen: **b**
In den ewigen Fernen, **b**
Sage, was ist da erwacht! a

Herz in der Brust wird beengt, c
Steigendes, neigendes Leben, **d**
Riesenhaft fühle ich's weben, **d**
Welches das meine verdrängt. c

Schlaf, da nahst du dich leis, e
Wie dem Kinde die Amme, **f**
Und um die dürftige Flamme **f**
Ziehst du den schützenden Kreis. e

17 Die Reime in dem Gedicht *Gegensatz* wirken **unharmonisch**.
Begründung: Die Reime in Vers 1 und 2 sowie in Vers 7 und 8 weisen zwar einen ähnlichen Klang auf, sind jedoch keine reinen Reime. Die Reime klingen eher schief und passen somit sehr gut zum Inhalt des Gedichtes, da jene ebenso wie das Aussehen der „hässlichen Jungfrau" einen eher unharmonischen Gesamteindruck vermitteln.

Die Reime im Gedicht *Nachtlied* wirken **sehr harmonisch**.
Begründung: Das Gedicht wirkt durch die umarmende Reimfolge harmonisch und in sich strukturiert. Die Binnenreime in Vers 1 und 6 unterstützen zusätzlich das innere Klanggefüge und vermitteln einen künstlerischen und melodischen Gesamteindruck. Die Reime untermalen so klanglich die friedliche und tiefe Gefühlswelt im lyrischen Text.

18 **Text 20:**

CHRISTIAN HOFMANN VON HOFMANNSWALDAU (1616–1679)

Vergänglichkeit der Schönheit

Es wird der bleiche Tod mit seiner kalten Hand
Dir endlich mit der Zeit um deine Brüste streichen,
Der liebliche Korall der Lippen wird verbleichen,
Der Schultern warmer Schnee wird werden kalter Sand;

Der Augen süßer Blitz, die Kräfte deiner Hand,
Für welchen solches fällt, die werden zeitlich weichen.
Das Haar, das itzund kann des Goldes Glanz erreichen,
Tilgt endlich Tag und Jahr als ein gemeines Band.

Der wohlgesetzte Fuß, die lieblichen Gebärden,
Die werden teils zu Staub, teils nichts und nichtig werden,
Denn opfert keiner mehr der Gottheit deiner Pracht.

Dies und noch mehr als dies muß endlich untergehen,
Dein Herze kann allein zu aller Zeit bestehen,
Dieweil es die Natur aus Diamant gemacht.

Der momentanen Schönheit der angesprochenen jungen Frau wird in den Versen 1–12 das Wissen um die Vergänglichkeit der Jugend/Schönheit entgegengesetzt. Die letzten beiden Verse formulieren eine Art Ausweg: Beständigkeit der inneren Werte.

Einschätzung: Der Aufbau des Sonetts spiegelt sich hier insofern nicht im Inhalt wider, als dessen Zweiteiligkeit nicht für die inhaltliche Gegenüberstellung genutzt wird – auch wenn das Gedicht von starken Antithesen (Jugend/Schönheit vs. Vergänglichkeit) geprägt ist.

19 ☒ 14 Verse

☒ Strophen lassen sich in zwei Quartette und zwei Terzette unterteilen

Hinweis: Das Gedicht ist teilweise jambisch geprägt, man könnte deshalb auch beim vierten Kästchen ein Kreuz machen.

Verhältnis von Form und Inhalt: Auch wenn zwei typische Merkmale des Sonetts fehlen, so ist Gernhardts Gedicht dennoch als Sonett zu erkennen. Der Reiz dieses witzigen Gedichts besteht darin, dass der Autor inhaltlich die Sonettform *angreift*, aber formal auf sie *zurückgreift*. Form und Inhalt stehen daher in einem starken, vom Autor gewollten Kontrast zueinander.

20

Lyrische Elemente

- Reimschema
- Strophenform
- Versform
- Metrum
- Besonderheiten poetischer Sprache (z. B. Bildfiguren, Klangfiguren, …)
  → siehe „Analyse – Sprachliche Ebene"

Epische Elemente

- Geschehen ist konkret situiert (Nacht, Heimritt durch Natur)
- Erzählung einer konkreten Geschichte
- Entwicklung im Geschehen (Ritt – Erlkönig – Heimkehr/ Tod des Kindes)
- Auftritt dreier Figuren (Vater – Kind – Erlkönig)

Dramatische Elemente

- Dialog Kind – Vater
- wörtliche Rede des Erlkönigs

21 Es muss sich bei Goethes *Erlkönig* um eine Ballade handeln, da darin lyrische, epische und dramatische Elemente miteinander verknüpft werden. Es wird eine sich entwickelnde Geschichte/Handlung erzählt, die örtlich und zeitlich bestimmt ist. Zudem weist der Text mit der wörtlichen Rede des Kindes, des Vaters und des Erlkönigs ein dramatisches Element auf. Lyrisch ist der Text insofern, als er typische Merkmale für Gedichte (Reimschema, Strophenform, Versform, Metrum und Besonderheiten poetischer Sprache) zeigt.

22 ☒ Naturmagische Ballade

Begründung: Das Kind und der Vater stehen einer schaurigen und fast übermächtig erscheinenden Natur gegenüber, die sowohl anziehend als auch Angst einflößend wirkt. Es finden sich zudem viele numinose (= göttliche, schauervolle und trotzdem anziehende) Elemente wie der Erlkönig, vor dem das Kind Angst hat, von dem es aber zugleich mit schönen Dingen verführt wird.

Test 2

Kennzeichnung der möglichen Punkte:
Halbe Punkte: ✗
Ganze Punkte: ✓

1 ☒ Jambus ✓

Hebungszahl: 4-Heber (jeweils Vers 1, 3 und 4) und 3-Heber (jeweils Vers 2 und 5) ✓✓

2 Jeder Vers endet mit einer **männlichen Kadenz**. ✓✓

3 **Metrische Besonderheiten:**

- V. 5: Tonbeugung des Wortes „Eintönig" – durch die natürliche Betonung auf der ersten Silbe entsteht eine sogenannte „schwebende Betonung", die das jambische Grundmuster auflockert. Das Wort wird dadurch hervorgehoben. ✓
- V. 7: zusätzliche unbetonte Silbe „ohn" – Auflockerung des Metrums ✓
- V. 11, 12, 14, 15: Leichte Tonbeugung der Anfangswörter „Doch", „Ruht", „Du" in Strophe 3 – eine natürliche Sprechweise verlangt die Betonung dieser Wörter, die dadurch hervorgehoben werden. ✓✓✓

Hinweis zur Selbstbewertung: Für die volle Punktzahl musst du nicht auf alle Aspekte des Lösungsvorschlages kommen.

4 Der Rhythmus wirkt **träge** (✓).
Mögliche Ergänzung: eintönig, gleichförmig, schwer

Begründung: Der fast vollständig durchhaltende Jambus hebt und senkt den Rhythmus des Gedichts annähernd den ganzen lyrischen Text hindurch gleichförmig. Die rhythmische Gestaltung gleicht einer einförmigen Bewegung. Die durchgängigen männlichen Kadenzen verleihen dem eintönigen Rhythmus des Gedichts eine zusätzliche Schwere. ✓✓

Hinweis zur Selbstbewertung: Hier sind auch andere Antworten und Begründungen denkbar – je nach der individuellen Lesart.

5 Die jambische Grundstruktur sowie die durchgängigen männlichen Kadenzen verleihen dem Gedicht eine monotone und schwere Grundstimmung. Der gleich bleibende Wechsel von Hebungen und Senkungen könnte außerdem die Atmosphäre der „graue[n] Stadt am Meer“ (V. 12) widerspiegeln, da die eintönige rhythmische Bewegung das eintönige Auf und Ab der Wellen zu imitieren scheint. Das durch eine Tonbeugung hervorgehobene Wort „Eintönig“ (V. 5) unterstreicht zusätzlich die Monotonie und Trostlosigkeit dieser Stadt. Die gehäuften metrischen Abweichungen in der letzten Strophe setzen jedoch einen Gegenakzent zur eintönigen metrischen Gestaltung und heben inhaltlich die melancholisch-sehnsuchtsvolle Jugenderinnerung und emotionale Anteilnahme des lyrischen Ichs hervor. ✓✓✓

Hinweis zur Selbstbewertung: Hier sind ebenfalls andere Antworten denkbar – je nach der individuellen Lesart.

6 Strophe 1: **a b a a b** Strophe 2: **c d c c d** Strophe 3: **e a e e a** ✓✓

Besonderheiten der Reime und der Reimfolge:

Die Reimfolge ist in allen drei Strophen gleich. Es handelt sich um einen Kreuzreim, der in der Mitte um einen weiteren Vers bzw. Reim erweitert wurde (✓). Diese Erweiterung fördert insofern ein langsames Lesen, als das Ende der Strophe „hinausgezögert“ wird. Es existieren auch klangliche Besonderheiten der Reime: Es lassen sich mehrfach sogenannte identische Reime (z. B. „Meer“, „Stadt“, „dir“) finden (✓), die dasselbe Reimwort wiederholen und miteinander reimen. Diese Häufung identischer Reime stützt einerseits die eintönige und melancholische Grundstimmung des Gedichts, betont aber andererseits auch die besonders wichtigen Worte (✓): *Stadt* und *Meer* sind prägende Bezugspunkte, mit dem Wort *dir* wird die Ansprache der Stadt unterstrichen. Die Reimgestaltung der Randstrophen rahmt das Gedicht zudem über das Reimwort „Meer“ (V. 1, 4, 12 und 15) (✓). In den Versen 13 f. handelt es sich um einen unreinen Reim („für“, „dir“) (✓). Der unreine Reim könnte darauf hinweisen, dass die Jugenderinnerung des lyrischen Ichs zwar positiv ist, jedoch gleichzeitig von einer melancholischen Stimmung begleitet wird (✓).

Hinweis zur Selbstbewertung: Für die volle Punktzahl musst du nicht auf alle Aspekte des Lösungsvorschlages kommen.

7 Nein, das Gedicht lässt sich keiner der Gedichtformen (Sonett oder Ballade) zuordnen. Der lyrische Text weist nicht die typische formale Struktur des Sonetts auf (auch wenn er fast 14 Verse hat). Auch lassen sich keine epischen oder dramatischen Elemente in dem Gedicht ausmachen, wie sie für die Ballade kennzeichnend sind. ✓

Schritt 1 C: Analyse – Sprachliche Ebene

23 Enjambements finden sich in V. 1/2, 3/4, 4/5 (besonders starkes Strophenenjambement), 6/7, 8/9 (besonders starkes Strophenenjambement), 9/10, 10/11.

[X] Mischung aus Zeilenstil und Zeilensprüngen

Verknüpfung von Satz-Vers-Fügung und Inhalt: Die starke Wut und Entrüstung des lyrischen Ichs über das Sonett wird durch die Enjambements genau an den Stellen hervorgehoben, wo die Gefühle des lyrischen Ichs besonders hochzukochen scheinen: Die Empörung setzt sich wortwörtlich über die Versgrenzen und sogar Strophengrenzen hinweg, wodurch die inhaltliche Ebene widergespiegelt wird. In der letzten Strophe handelt es sich um einen ausgeprägten Zeilenstil: Dies passt dazu, dass hier eine Art Zusammenfassung der Abneigung gegen Sonette erfolgt.

24 **JOHANN WOLFGANG VON GOETHE (1749–1832)**
Originaltext: *Meeresstille*

Tiefe Stille herrscht im Wasser,
Ohne Regung ruht das Meer,
Und bekümmert sieht der Schiffer
Glatte Fläche rings umher.
Keine Luft von keiner Seite!
Todesstille fürchterlich!
In der ungeheuern Weite
Reget keine Welle sich.

Hinweis: Durch die Inversionen werden die Satzteile an den Anfang gestellt, die die Stille und Regungslosigkeit des Meeres ausdrücken. So wird die erschreckende Weite des Wassers betont. Die Ellipsen verdeutlichen dagegen die Fassungslosigkeit und große Bestürzung angesichts der herrschenden Meeresstille, die – sofern sie anhält – den Tod bedeuten könnte.

25 **Text 24:** *Apokalypsen-Programm*

- Parataxe
- leicht verständlich, eher belustigend (steht so im Gegensatz zum Inhalt „Weltende“)

Text 25: *Sonette an Orpheus XIII*

- Hypotaxe
- eher ernsthaft, enthält einen Aufforderungssatz, enthält eine Begründung, mögliche eigene Ergänzung: wirkt schwierig in der Struktur

26 Die Frage in dem Gedichtauszug aus *Der frohe Wandersmann* ist rhetorisch zu verstehen, es wird also nicht wirklich eine Antwort erwartet. Die beschriebene Herrlichkeit der Natur lässt dem lyrischen Ich zufolge gar keine andere Möglichkeit zu, als „[a]us voller Kehl“ (V. 4) mitzusingen und die Natur zu genießen.

27 In dem Gedicht herrscht ein überwiegend parataktischer Satzbau vor, der durch eine kurze, einfache und fast gleichförmige Satzstruktur geprägt ist. Die klaren Aussagesätze vermitteln die eher nüchterne und sachliche Rede des lyrischen Ichs, die dadurch zugleich eintönig und trist wirkt. Der vorwiegende Zeilenstil in Kombination mit der Parataxe unterstreicht zudem den Charakter einer Aufzählung oder „Inventur“, bei der Schritt für Schritt vorgegangen und eine Liste der Habseligkeiten erstellt wird.

28

Textauszug	Stilmittel
Es lacht die Nachtalp-Henne, es weint die Windhorn-Gans Aus: *Christian Morgenstern: Die Fingur*	• Anapher • Parallelismus
Laß die Erde! Laß die Erde! Laß sie liegen, bis sie fault. Aus: *Paul Scheerbart: Die andere Welt*	• Anapher • Parallelismus • Ellipse
Und über allem der Duft des Sommers Aus: *Bruno Hillebrand: Und über allem*	• Inversion • Ellipse
Was itzund Atem holt, muß mit der Luft entfliehn, Was nach uns kommen wird, wird uns ins Grab nachziehn. Aus: *Andreas Gryphius: Menschliches Elende*	• Anapher • Antithese
Einem Turm gleich tritt er aus die letzte Glut, Wo der Tag flieht, sind die Ströme schon voll Blut. Aus: *Georg Heym: Der Krieg*	• Inversion

Ich weiß nicht was ich will / ich will nicht was ich weiß *Aus: Martin Opitz: Ist Liebe lauter nichts*	• Antithese • Parallelismus

Hinweis: Der Vers von Opitz scheint auf den ersten Blick ein Chiasmus zu sein – er ist es aber im strengen Sinne nicht, da er keine Überkreuzstellung von Satzteilen, sondern nur von bestimmten Wörtern aufweist.

29 Beispiele:

- Herzwinter = im Herzen ist es so kalt, dass keine Liebe mehr existiert
- Traumregen = sehr viele Träume in der Nacht
- Augenhimmel = bei der Betrachtung von etwas sehr, sehr Schönem
- Wuttanz = Bewegungen, die jemand beim Zornesausbruch macht
- etc.

30 **Text 28:**

JAKOB VAN HODDIS (1887–1942)

Weltende (1911)

Dem Bürger fliegt vom spitzen Kopf der Hut,
In allen Lüften hallt es wie Geschrei.
Dachdecker stürzen ab und gehn entzwei
Und an den Küsten – liest man – steigt die Flut.

Der Sturm ist da, die wilden Meere hupfen
An Land, um dicke Dämme zu zerdrücken.
Die meisten Menschen haben einen Schnupfen.
Die Eisenbahnen fallen von den Brücken.

Verben (dunkel hinterlegt)	Substantive (hell hinterlegt)	Adjektive (grau hinterlegt)
Anzahl: 11	Anzahl: 16	Anzahl: 3
Auffälligkeiten: • alle Verben im Präsens • bezeichnen v. a. Bewegung und Zerstörungsvorgänge	**Auffälligkeiten:** • Pluralform auffallend häufig **Themenkreis:** • Mensch, (gewaltige) Natur, Bauten	**Auffälligkeiten** • verhältnismäßig wenig Adjektive

Bedeutung bzw. Wirkung der Wortarten: Die Substantive geben vor allem einen visuellen Eindruck von den Szenen des Weltuntergangs (vgl. Titel *Weltende*). Zusammen mit den Verben werden viele Einzelbilder aneinandergereiht, die die Menschen und ihre Werke (bzw. Bauten: „Dämme" [V. 6], „Eisenbahnen" [V. 8]) in Konfrontation mit einer zerstörerischen Natur („Sturm" [V. 5]) zeigen. Ihre verheerende Kraft wird durch die Verben verdeutlicht, die vor allem Bewegungen („flieg[en]" [V. 1], „steig[en]" [V. 4], „hupfen" [V. 5], „fallen" [V. 8]) und Zerstörungsvorgänge („abstürzen" [vgl. V. 3], „entzweigehen" [vgl. V. 3], „zerdrücken" [V. 6]) erfassen. Teilweise wirkt die Wortwahl irritierend, vielleicht sogar verharmlosend („entzweigehen" [vgl. V. 3], „Schnupfen haben" [vgl. V. 7]). Es entsteht so ein gewisser – möglicherweise ironisch zu deutender – Kontrast zwischen dem Inhalt (Weltuntergang) und der sprachlichen Gestaltung.

31

Impuls-Wort	Stilmittel	
Winter	Oxymoron: Wirkung:	heißer Winter unerwarteter Gegensatz irritiert und hebt Spannung
gehen	Klimax: Wirkung:	Er geht, läuft, rennt, rast. Steigerung und Intensivierung
viele Tränen	Hyperbel: Wirkung:	ein Meer aus Tränen Übertreibung verdeutlicht die enorme Menge
spielen	Figura etymologica: Wirkung:	Die Spieler spielen Spiele. Intensivierung verstärkt das Ausgesagte.

32

Wie säuseln ach so linde! Wir in den Blüten, Und lindern heiße Liebe In kühlen Düften. *Aus: Friedrich Schiller: Die Lüfte*	→ Onomatopoesie („säuseln"): Die Lautmalerei weckt einen fast sinnlichen Eindruck von den „Lüften". Assonanzen („linde"/„Liebe"; „Blüten"/„Düfte"): Durch die Assonanzen werden die zentralen Wörter aneinandergebunden und eine dem Kreuzreim vergleichbare Strophenstruktur geschaffen.
Viele Wellen wallen weit ins graue Meer, Eilig sind die Wellen, ihre Hände leer *Aus: Börries von Münchhausen: Ballade vom Brennnesselbusch*	→ Alliteration („Wellen wallen weit"): Die melodische Wiederholung des Anfangslauts „W" scheint die wiederkehrende Bewegung der Wellen zu imitieren.
Eine starke, schwarze Barke segelt trauervoll dahin. *Aus: Heinrich Heine: Romanzen III*	→ Assonanz („starke, schwarze Barke"): Die Assonanz (und der Binnenreim „starke [...] Barke") verbinden und betonen die drei Wörter auf klanglicher Ebene.

33 und 34 und 35

Text 29:

ACHIM VON ARNIM (1781–1831)

Ritt im Mondschein

Herz zum Herzen ist nicht weit
Unter lichten Sternen,
Und das Aug, von Tau geweiht,
Blickt zu lieben Fernen;
Unterm Hufschlag klingt die Welt,
Und die Himmel schweigen,
Zwischen beiden mir gesellt
Will der Mond sich zeigen.

Zeigt sich heut in roter Glut
An dem Erdenrande,
Gleich als ob mit heißem Blut
Er auf Erden lande,
Doch nun flieht er scheu empor,
Glänzt in reinem Lichte,
Und ich scheue mich auch vor
Seinem Angesichte.

→ Metapher
→ Vergleich
→ Personifikation
→ Symbol

Das Gedicht enthält kein „Pars pro Toto", keine Synästhesie und keine Allegorie.

Erläuterung und Wirkung:

Metaphern:

- Metapher „Tau geweiht" (V. 3): Der Tau steht bildlich für die Tränen, die im Auge des lyrischen Ichs stehen. Die „Weihung" mit Tau verdeutlicht die reine, fast heilige Sehnsucht des lyrischen Ichs, die das ersehnte Ziel in der Ferne – der geliebte Mensch – auslöst.
- Metapher „roter Glut" (V. 9): Die Metapher steht für die rote Färbung des Mondes und ruft eine unheilschwangere Atmosphäre hervor.
- Metapher „Erdenrande" (V. 10): Die Metapher fasst den visuellen Eindruck in das Bild, dass die Erde am Horizont aufhöre. Der „Erdenrand" steht hier für den Horizont und betont so bildlich die Entfernung.

Vergleich:

- Vergleich „Gleich als ob mit heißem Blut / Er auf Erden lande" (V. 11 f.): Der Vergleich unterstreicht die durch die Metapher „rote Glut" (vgl V. 9) hervorgerufene unheilvolle Stimmung noch, indem er über die gleichfalls metaphorische Wendung („mit heißem Blut", V. 11) den Farbeindruck verstärkt und über den Begriff „landen" einen drohenden Kontakt des Mondes mit der Erde andeutet.

Personifikationen:

- Personifikationen „Himmel schweigen", „Will der Mond sich zeigen", „Zeigt sich", „flieht er scheu empor", „Angesichte" (V. 6, 8, 9, 13, 16): Vor allem der Mond (neben dem Himmel) wird hier mit menschlichen Eigenschaften und Fähigkeiten ausgestattet, so kann der Mond beispielsweise „scheu fliehen" oder hat ein „Angesicht". Die Natur und insbesondere der Mond erscheinen als wirkliches Gegenüber des lyrischen Ichs, wirken lebendig und bedrohlich zugleich.

Symbol:

- Symbol „Herz zum Herzen" (V. 1): Das Herz ist ein kulturell geprägtes Bild für die Liebe oder einen liebenden bzw. geliebten Menschen. In der dieses Symbol benutzenden Wendung „Herz zum Herzen ist nicht weit" weist das lyrische Ich darauf hin, dass es sich dem geliebten Menschen in der Nachtatmosphäre nahe fühlt.

Test 3

Kennzeichnung der möglichen Punkte:
Halbe Punkte: ✗
Ganze Punkte: ✓

1 a) ☒ Es liegt eine Mischung aus Zeilenstil und Zeilensprüngen vor. ✓
Zeilensprünge finden sich in V. 1/2, 4/5, 6/7, 8/9, 13/14. ✓

b) Besonderheiten in der Stellung der Satzglieder:

- V. 1/2: Inversion, die durch ein zusätzliches „und" ergänzt ist – eigentlich: „Die Stadt liegt seitab am grauen Strand, am grauen Meer" ✗
- V. 4/5: Inversion – eigentlich „Das Meer braust eintönig durch die Stille um die Stadt" ✗
- V. 8/9: Inversion – eigentlich: „Nur die Wandergans fliegt mit hartem Schrei in Herbstesnacht vorbei" ✗
- V. 11: Inversion – eigentlich: „Mein ganzes Herz hängt doch an dir" ✗
- V. 13: Inversion – eigentlich „Der Zauber der Jugend" ✗

Wirkung: Durch die Inversionen wirkt das Gedicht viel lyrischer und melodischer (✗). Einige der an den Versanfang gestellten Satzteile (wie „Und durch die Stille", „Eintönig" oder „Kein Vogel") heben die Verlassenheit und Tristheit der Stadt hervor (✗). Die Umstellung in Vers 11, der mit dem einen Kontrast anzeigenden „Doch" beginnt, betont den inhaltlichen Gegensatz zwischen der Eintönigkeit der Atmosphäre (Strophe 1, 2) und dem emotionalen Bezug des lyrischen Ichs zur Stadt (Strophe 3) (✗). Die Inversion „Der Jugend Zauber" bindet die beiden Substantive, die für die intensive Bindung des lyrischen Ichs an die Stadt stehen, eng aneinander und unterstreicht diese so (✗).

Hinweis zur Selbstbewertung: Für die volle Punktzahl musst du nicht auf alle Aspekte des Lösungsvorschlages kommen.

c)

	Auffälligkeiten	Wirkung
Satzbau	Alle Sätze sind sehr einfach und kurz sowie parataktisch konstruiert. ✓	Der schlichte und anspruchslose Bau der Sätze wirkt in diesem lyrischen Text eher beengend und verstärkt die triste und schwere Atmosphäre. ✓

Satzbau	Es lassen sich hauptsächlich einfache Aussagesätze finden; alle direkten Wendungen an das lyrische Du, die Stadt, sind nicht mit Ausrufen (keine Ausrufezeichen) verbunden. ✓	Die unaufgeregte Beschreibung der Stadt in kurzen Aussagesätzen passt zu deren trister Atmosphäre. ✓ Die Emotionalität, die die letzte Strophe prägt, ist dadurch, dass keine Ausrufezeichen verwendet werden, etwas zurückgenommen.

d) **Anapher:**

V. 1 „Am grauen Strand, am grauen Meer“ ✓

V. 6 „Es rauscht kein Wald, es schlägt im Mai“ ✓

V. 12, 15 „Du graue Stadt am Meer“
„Du graue Stadt am Meer“ ✓

Parallelismus (hier in Form einer exakten Wiederholung):

V. 12, 15 „Du graue Stadt am Meer“
„Du graue Stadt am Meer“ ✓

Das Gedicht weist keinen Chiasmus und keine Antithese auf. ✓

Wirkung und Bedeutung: Die Wiederholung von Wörtern und Satzteilen dient der Intensivierung – in Strophe 1 und 2 der Darstellung der tristen Stadtatmosphäre (vgl. V. 1, 6), in der dritten Strophe der Darstellung des emotionalen Bezugs des Ichs zur Stadt (vgl. V. 12 und 15). ✓

Hinweis zur Selbstbewertung: Für die volle Punktzahl musst du nicht auf alle Aspekte des Lösungsvorschlages kommen.

e) **Auffällige Wortwiederholungen** (neben den Wiederholungen bei den Anaphern und beim Parallelismus):

V. 11, 14 „Doch hängt mein ganzes Herz an dir [...]
Ruht lächelnd doch auf dir, auf dir“ ✓

Wirkung und Bedeutung: Diese Wiederholungen unterstreichen die große Bedeutung der angesprochenen Stadt für das lyrische Ich. ✓

2 a) **THEODOR STORM (1817–1888)**
Die Stadt (1852)

Am grauen Strand, am grauen Meer
Und seitab liegt die Stadt;
Der Nebel drückt die Dächer schwer,
Und durch die Stille braust das Meer
Eintönig um die Stadt.

Es rauscht kein Wald, es schlägt im Mai
Kein Vogel ohn Unterlaß;
Die Wandergans mit hartem Schrei
Nur fliegt in Herbstesnacht vorbei,
Am Strande weht das Gras.

Doch hängt mein ganzes Herz an dir,
Du graue Stadt am Meer;
Der Jugend Zauber für und für
Ruht lächelnd doch auf dir, auf dir,
Du graue Stadt am Meer.

Verben (dunkel hinterlegt)	Substantive (hell hinterlegt)	Adjektive (grau hinterlegt)
Anzahl: 10	Anzahl: 24	Anzahl: 8
Auffälligkeiten: • alle Verben im Präsens ✓ • Verben drücken zum großen Teil entweder Stillstand oder Bewegung (der Natur) aus ✓ • ein deutlich positiv besetztes Verb: „lächeln" ✓	**Auffälligkeiten:** • viele Wiederholungen, vor allem „Stadt" und „Meer" ✓ **Themenkreis:** • Natur (zum Teil mit Verneinung „kein") und Stadt ✓	**Auffälligkeiten** • alle Adjektive nicht positiv, eher trist ✓ • Wiederholung des Adjektivs „grau" ✓

Hinweis zur Selbstbewertung: Für die volle Punktzahl musst du nicht auf alle Aspekte des Lösungsvorschlages kommen.

b) In vielen Einzelbildern, die durch die Häufung der Substantive verstärkt hervortreten (✓), werden dem Leser die Stadt und die umgebende Natur geschildert. Die auffällige Wiederholung der Substantive „Stadt" und „Meer", die gleichzeitig als Eckpfeiler der örtlichen Orientierung im Gedicht dienen, unterstreicht die Eintönigkeit (✓). Beide zentralen Begriffe werden mit dem Adjektiv „grau" – der tristesten Farbe – verknüpft (✓). Es findet sich kein eindeutig positiv besetztes Adjektiv – dies betont die Trostlosigkeit (✓). Bei den Verben ist das Wort „lächelnd" hervorzuheben, das eine positive Wertung enthält und die beglückende Empfindung des lyrischen Ichs anzeigt (✓).

Hinweis zur Selbstbewertung: Für die volle Punktzahl musst du nicht auf alle Aspekte des Lösungsvorschlages kommen. Zudem sind auch andere Antworten denkbar – je nach individueller Lesart und Schwerpunktsetzung.

c) Es sind keine der genannten Stilmittel zu finden. ✓✓

3 ☒ Alliteration V. 3: „drückt die Dächer" ✗

☒ Onomatopoesie V. 4: „braust" ✗

Wirkung und Bedeutung: Die Alliteration „drückt die Dächer" unterstreicht die „bedrückende" Stimmung (✓). Die Onomatopoesie dagegen verdeutlicht lautlich die akustischen Eindrücke (✓) um die Stadt – insbesondere im Gegensatz zum Wort „Stille", das direkt daneben steht.

4 ☒ Metapher V. 3: „Nebel drückt die Dächer schwer" ✗

☒ Synästhesie V. 8: „mit hartem Schrei" (hart = fühlen, Schrei = hören) ✓

☒ Symbol V. 11: „Herz" ✓

Wirkung und Bedeutung: In diesem Gedicht ist es auffällig, dass sich nur wenige Bildfiguren finden lassen. Auch dies unterstützt die eintönige und farblose Atmosphäre, da dem Leser kein anderes Bild als die triste Beschreibung der Stadt und die Umrisse der Wirklichkeit angeboten werden. ✓

Zwei der Bildfiguren veranschaulichen die wenig freundliche Atmosphäre: Der eigentlich gewichtslose Nebel scheint auf den Dächern zu liegen, was die Metapher „drückt" deutlich machen soll (✗), und der einzig hörbare Laut eines Vogels wird als lärmend („Schrei") und schrill („hart") gekennzeichnet (✗). Das Symbol „Herz" in der dritten Strophe verweist auf die Innerlichkeit des Ichs und seine Liebe zur Stadt (✗).

Hinweis zur Selbstbewertung: Für die volle Punktzahl musst du nicht auf alle Aspekte des Lösungsvorschlages kommen.

Schritt 2: Interpretation

36 Individuelle Lektüre der Textanalyse zu Gustavs Falkes Gedicht „Zwei".

37 Das Gedicht schildert zwei sich [X] liebende Personen, die durch einen [X] Fluss voneinander getrennt sind, aber sich [X] sehnsüchtig die Zweisamkeit wünschen. Es steht nicht das unmittelbare Erlebnis, sondern [X] der Seelenausdruck im Vordergrund.

38

1. Strophe: Gegenüberstellung Ich/Du	Deutung hinsichtl. Interpretationsthese
• Ellipsen (V. 1, 3)	• Betonung der bewegungslosen Gegenüberstellung durch Verknappung
• Anfangsreime/Parallelismus mit antithetischem Element (V. 1–4)	• Hervorhebung der Zusammengehörigkeit von Du und Ich; aber Trennung durch Antithese veranschaulicht
• Symbol Rose (V. 2)	• die beiden lieben einander offenbar
• Abweichung vom Versmaß (V. 4)	• Hervorhebung der Sehnsucht
3. Strophe: Kommunikation(slosigkeit)	**Deutung hinsichtl. Interpretationsthese**
• Alliteration (V. 9 f.)	• Hervorhebung der Wortlosigkeit („Stammeln / Stirbt")
• Personifikation „Stammeln / Stirbt" (V. 9 f.)	• Veranschaulichung der Wortlosigkeit – Wort „Sterben": Bedrohlichkeit; Schmerzhaftigkeit
• Neologismus (V. 12)	• Veranschaulichung durch Verbindung der Gestik mit einem Gefühl in einem Wort

■ Test 4

Kennzeichnung der möglichen Punkte:
Halbe Punkte: ✗
Ganze Punkte: ✓

1 Zentrales Thema des Gedichts ist eine Stadt am Meer, die das lyrische Ich als trist beschreibt, zu der es aber eine aus der Jugend herrührende intensive Verbindung empfindet. ✓✓

2

Die Stadt (1852)

Vers	Stilmittel	Reim
Am grauen Strand, am grauen Meer	Inversion, Anapher	a
Und seitab liegt die Stadt;		b
Der Nebel drückt die Dächer schwer,	Alliteration; Metapher	a
Und durch die Stille braust das Meer	Onomatopoesie	a
Eintönig um die Stadt.	Tonbeugung	b
Es rauscht kein Wald, es schlägt im Mai	Anapher	c
Kein Vogel ohn Unterlaß;	Abweichung vom Versmaß	d
Die Wandergans mit hartem Schrei	Synästhesie; Inversion	c
Nur fliegt in Herbstesnacht vorbei,		c
Am Strande weht das Gras.	Inversion	d
Doch hängt mein ganzes Herz an dir,	Tonbeugung, Inversion, Symbol	e
Du graue Stadt am Meer;	Tonbeugung	a
Der Jugend Zauber für und für	Inversion, unreiner Reim	e
Ruht lächelnd doch auf dir, auf dir,	Tonbeugung, Wiederholung „dir"	e
Du graue Stadt am Meer.	Tonbeugung	a

Wiederholungen (Am grauen Strand – Am Strande – Du graue Stadt am Meer)

Anapher/Parallelismus/Wiederholung (Du graue Stadt am Meer; – Du graue Stadt am Meer.)

Aufbau:

- 1. Strophe: Nebel über einer Stadt am Meer; Beschaulichkeit, aber auch Trostlosigkeit
- 2. Strophe: Intensivierung der trostlosen Atmosphäre, die das ganze Jahr andauert
- 3. Strophe: innige und melancholische Jugenderinnerung an diese graue Stadt

Lyrisches Ich, Adressat, Motive:

- klar fassbares lyrisches Ich (Strophe 3) und Adressat „Stadt“ (Personalpronomen in Strophe 3)
- Beziehung Ich/Du: direkte Ansprache (Strophe 3)
- Anredegestus: unvermittelt intensiv
- zentrales Motiv „Stadt“: Trostlosigkeit, abweisende Atmosphäre – Aufwertung durch positive Gefühle des lyrischen Ichs für diese Stadt

Form:

- Strophen mit vier- und dreihebigen Jamben und männlichen Kadenzen; Rhythmus wirkt eintönig, träge, schwer
- gelegentlich Abweichungen vom Versmaß (insbesondere Strophe 3)
- erweiterter Kreuzreim mit vielen identischen Reimen („Stadt“, „Meer“, „dir“)

Sprache:

- überwiegend einfache und kurze Aussagesätze
- viele Substantive (dabei viele Wort-Wiederholungen: „Meer“, „Stadt“)
- Verben: Stillstand oder Bewegung (der Natur) – einzig positiv besetztes Verb: „lächeln“
- alle Adjektive nicht sehr positiv (dabei Wort-Wiederholung „grau“ auffällig)
- verneinendes Pronomen „Kein“ (2. Strophe)
- verschiedene Inversionen; nur wenige Bildfiguren

Hinweis zur Selbstbewertung: Um die volle Punktzahl bei dieser Aufgabe zu erhalten, ist es nicht nötig, dass deine Ergebnisse genau den hier verzeichneten Lösungsvorschlägen entsprechen. Für jede richtige Beobachtung kannst du dir einen halben Punkt geben.

3 Das Gedicht beschreibt die eintönige und trostlose Atmosphäre einer Stadt, zu der das lyrische Ich jedoch eine tiefe und innig empfundene Verbundenheit verspürt, die durch positive Jugenderinnerungen geprägt ist. ✓✓

4 Beispiel für ausgewählte Befunde:

Allgemein zum Gedicht:	Deutung
• Aufbau: Zweiteiligkeit (äußere Beschreibung in Strophe 1 und 2 vs. lyrisches Ich und Ansprache der Stadt in Strophe 3) • formale Gestaltung: jambisches Metrum, erweiterter Kreuzreim, männliche Kadenzen	• äußere Beschreibung im Kontrast zur inneren Verbundenheit des Ichs zur Stadt • Widerspiegelung der Gleichförmigkeit; schwere Grundstimmung

1. Strophe	Deutung
• Adjektive „grau“ (mit Inversion), „Eintönig“ (mit Tonbeugung)	• Charakterisierung der tristen Stadtatmosphäre
• Metapher „drückt“	• Veranschaulichung der bedrückten Stimmung
• Onomatopoesie „brausen“	• lautliche Spiegelung akustischer Eindrücke
2. Strophe	**Deutung**
• verneinendes Pronomen „kein“	• Mangel an positiv besetzten Geräuschen
• Synästhesie „mit hartem Schrei“	• Stützung der unfreundlichen Atmosphäre
• Wiederholung „Am Strande“ (vgl. V. 1)	• Rahmung der äußeren Beschreibung der Stadt
3. Strophe	**Deutung**
• Satzanfangsstellung des Wortes „Doch“	• Anzeigen der Hinwendung zum Innenleben
• Symbol „Herz“	• Verweis auf empfindendes Zentrum des Ichs
• Wiederholungen „auf dir, auf dir“ und „Du graue Stadt am Meer“; direkte Ansprache	• emotionalere Sprechweise
• Inversion „Der Jugend Zauber“	• Betonung der Jugenderinnerung; Verdichtung der Jugenderinnerung in drei Worten
• einzig eindeutig positives Verb „lächeln“	• Unterstreichen der positiven Gefühle des Ichs
• Tonbeugungen: Anfangswörter Strophe	• Intensivierung der Anrede der Stadt

Hinweis zur Selbstbewertung: Um die volle Punktzahl bei dieser letzten Aufgabe zu erhalten, ist es nicht nötig, dass deine Ergebnisse genau den hier verzeichneten Lösungsvorschlägen entsprechen. Es ist auch möglich, andere Analyseergebnisse auszuwählen, wenn in der Interpretation ein anderer Schwerpunkt gesetzt werden soll. Für jede nachvollziehbare Deutung kannst du dir einen Punkt geben.

Schritt 3: Schriftliche Ausarbeitung

39 Gliederung zur Interpretation von G. Falkes Gedicht „Zwei“ – Lineare Analyse

1. Einleitung	Sehnsuchtsdarstellung zweier getrennter Liebender in Gustav Falkes Gedicht „Zwei“ (1896)
2. Hauptteil	
2.1 Gedicht allg.:	• Charakter der Liebenden nicht im Mittelpunkt; strömender Rhythmus
2.2 Strophe 1:	• Situationsdarstellung – Sehnsucht zweier getrennter Liebender
2.3 Strophe 2:	• Vertiefung der Sehnsuchtsdarstellung – Spiegelung im Wasser
2.4 Strophe 3:	• Schwierigkeit der gegenseitigen Kommunikation – Schmerzhaftigkeit
2.5 Strophe 4:	• Hoffnungs- und Aussichtslosigkeit (Bedrohung durch „Schwan“)
3. Schluss	Bildhafte Darstellung der getrennten „Zwei“: Ausdruck eines reinen Seelenerlebnisses

40 Formulierungen:

	sachlich	nicht sachlich
a) In der zweiten Strophe wird die Trennung durch den Strom beschrieben. Es bleibt allerdings unklar, wie es zu dieser für die beiden Liebenden schmerzhaften Situation gekommen ist.	☒	☐
b) Die Trennung durch den Strom wirkt durch die Enjambements noch viel krasser. Das lyrische Ich und Du kann jetzt jeder – obwohl da ein breiter Strom ist – nur noch als lyrisches Wir erkennen. Die beiden sind echt arm dran. *Hinweis:* **nicht sachlich** – z. B. weil „echt arm dran“ eine Wertung enthält und es sich um eine umgangssprachliche Wendung handelt.	☐	☒
c) Die Verzweiflung und Vergeblichkeit des Versuchs, sich nahe zu kommen, werden durch den Parallelismus und die Anapher im letzten Vers wirksam unterstrichen.	☒	☐

d) Sprachlosigkeit und Bewegungslosigkeit sind in der dritten Strophe total wichtig. Die Sehnsucht und der Schmerz dauern voll lange an. ☐ ☒

Hinweis: **nicht sachlich** – z. B. weil „voll lange“ und „total wichtig“ umgangssprachliche Wendungen sind.

41 **Zitatformulierungen:** (richtig zitiert | falsch zitiert)

a) „und wurde viel beschritten.“ (V. 2) ☐ ☒

richtig: „Und wurde viel beschritten“ (V. 2)

b) „er schrie: ich bin ein Mineral“ (V. 3) ☐ ☒

richtig: „Er schrie: „Ich bin ein Mineral“ (V. 3)

c) „ein für allemal“ (V. 4) ☒ ☐

d) „Jedoch den Menschen fiel's nicht ein“ (V. 6) ☒ ☐

e) Der Pflasterstein zählt sich zu den „Mineralen“ (V. 3). ☐ ☒

richtig: Der Pflasterstein zählt sich zu den „Mineral**[en]**“ (V. 3).

42 ☐ ~~Der Text~~ | ☒ Das Gedicht | ☐ ~~Das Sonett~~ „Zwei“ stammt aus ☒ dem Jahr 1896 | ☐ ~~einer Textsammlung~~ | ☐ ~~aus den Jahren 1853–1916~~ und wurde von Gustav Falke ☐ ~~erfunden~~ | ☒ verfasst | ☐ ~~überarbeitet~~.

43 In der dritten Strophe verdeutlicht *(auch möglich: unterstreicht, betont)* das lyrische Ich die Schmerzhaftigkeit der Trennung, indem es näher auf die beschränkten Kommunikationsmöglichkeiten eingeht. Die beiden Liebenden können miteinander nicht mündlich, sondern nur über die Gestik kommunizieren. Die Personifikation „Stammeln / Stirbt“ (V. 9 f.) bringt die Unmöglichkeit zum Ausdruck, miteinander Worte zu wechseln. Die Wahl des Wortes „Sterben“ zeugt davon, dass diese Unmöglichkeit als sehr schmerzhaft wahrgenommen wird. Die Alliteration unterstreicht *(auch möglich: verdeutlicht, betont)* die Bedeutung dieser beiden Worte und damit die Wortlosigkeit zusätzlich und wird mit dem Begriff „Stummen“ (V. 12) noch fortgesetzt, mit dem der Mangel an mündlicher Kommunikation nochmals betont (auch möglich: unterstrichen, verdeutlicht) wird. In dem Neologismus „Sehnsuchtswinke“ (V. 12) verbindet das lyrische Ich das Gefühl der Sehnsucht mit der Gestik des Winkens und führt so in einem Wort die innere und äußere Situation der Liebenden zusammen.

Die Interpretationsthese besteht aus dem ersten Satz.

44 **Ausarbeitung zu Strophe 1:**

These zu Strophe 1	In der **ersten Strophe** wird dem Leser die Situation der räumlichen Trennung der beiden Liebenden und ihre Sehnsucht nacheinander in einem eindrücklichen Bild vor Augen geführt.
Argumente (mit Belegen bzw. Zitaten) + Rückbezüge auf die These	Sie stehen einander gegenüber am „Wasser“ (V. 2) und zeigen sich jeweils als Ausdruck ihrer Liebe eine Rose. Die ersten beiden Verse beziehen sich auf den Adressaten (das geliebte Du) und die Verse 3 und 4 auf das lyrische Ich. Die Gegenüberstellung der beiden wird sowohl durch den Parallelismus als auch durch den Anfangsreim „Drüben“ (V. 1) / „Hüben“ (V. 3) sprachlich veranschaulicht. Die parallele Gestaltung lässt die Zusammengehörigkeit von Ich und Du sinnlich hervortreten. Durch die Ellipse – es fehlt das Prädikat – wird die bildliche Gegenüberstellung der bewegungslosen Gestik noch greifbarer. Die Strophe enthält aber auch antithetische Elemente, die die Parallelisierung durchbrechen und auf die Trennung der beiden verweisen: Die Rosen, das die beiden Liebenden verbindende Symbol der Liebe, werden miteinander kontrastiert (V. 1: „mir deine weiße“; V. 3: „dir meine dunkle“). Die Abweichung im Versmaß durch die Tonbeugung in „Sehnsüchtig“ (V. 4) unterstreicht zudem den großen Schmerz über die Trennung.

Ausarbeitung zu Strophe 4:

These zu Strophe 4	In der **vierten Strophe** tritt der Schwan als neues Element, das bedrohliche Züge hat, hinzu.
Argumente (mit Belegen bzw. Zitaten) + Rückbezüge auf die These	Er schwimmt zwischen den Liebenden hindurch und bringt ihre Spiegelbilder zum Wanken. Die aussagekräftigen Adjektive „wild“, „schwarz“ und „gespenstig“ charakterisieren das Tier als düsteres und bedrohliches Wesen, in dem auch der Tod angedeutet sein könnte. Mit der Inversion in V. 13 wird die Stimmung der „gespenstischen Stille“ noch betont. Das Oxymoron „Schwarzer Schwan“ (V. 15) – Schwäne sind im Allgemeinen weiß – hebt die zentrale Bedeutung des Tieres als irritierend-bedrohliches Element hervor, zumal die Alliteration die beiden gegensätzlichen Worte eng aneinanderbindet. Außerdem bringt der Schwan die ohnehin nur „blassen Spiegelbilder“ (V. 16), die schon zuvor nur „zitter[te]n“ (V. 6), zum Schwanken und bedroht so selbst noch den Widerschein der Liebenden im Fluss. Darin kann man eine endgültige Trennung der beiden angedeutet sehen. Durch das zentrale Bild des schwarzen Schwans wird das Gedicht atmosphärisch abgerundet, obwohl es letztlich in der Deutung nicht vollends aufgelöst werden kann.

45 Gustav Falkes Gedicht – so lässt sich zusammenfassend festhalten – verdeutlicht in ☐ ~~der Wahrnehmung~~ | ☒ dem Bild der durch einen Fluss getrennten Liebenden die seelische Intensität, die das Gefühl ☒ der Sehnsucht | ☐ ~~des Hasses~~ | ☐ ~~der Freundschaft~~ haben kann. Ihm geht es offenbar weniger um ein konkretes Erlebnis, sondern allgemeiner um ☐ ~~eine selbst erlebte Situation~~ | ☒ die Empfindung selbst. In meinen Augen ist das Gedicht allerdings – insbesondere durch die übertriebene Darstellung – zu weit von der Realität entfernt, um eine Einfühlung ☒ des Lesers | ☐ ~~der Figuren~~ in die Liebenden zu erreichen. Dieser Mangel an Identifikationsmöglichkeit macht dieses Gedicht für mich ☒ eher uninteressant | ☐ ~~sehr interessant~~ | ☐ ~~äußerst überzeugend~~.

46

1. Einleitung	**Variante 1**
2. Hauptteil 2.1 Interpretation Gedicht A 2.2 Interpretation Gedicht B 2.3 Vergleich	
3. Schluss	

1. Einleitung	**Variante 3**
2. Hauptteil 2.1 Gemeinsamkeiten der Gedichte 2.2 Unterschiede der Gedichte 2.3 Abwägung	
3. Schluss	

1. Einleitung	**Variante 2**
2. Hauptteil 2.1 Vergleichsaspekt(e) vorstellen 2.2 Aspekt 1 in Gedicht A und B 2.3 ggf. Aspekt 2 in Gedicht A und B usw.	
3. Schluss	

Test 5

Kennzeichnung der möglichen Punkte:
Halbe Punkte: ✗
Ganze Punkte: ✓

1 Gliederung:

1. Einleitung ✓	Theodor Storms Gedicht „Die Stadt" (1852): Darstellung einer Stadt und der Verbundenheit des lyrischen Ichs mit dieser
2. Hauptteil ✓✓✓✓	
2.1 Gedicht allg.:	• Aufbau, Form (Reimfolge, Metrum) und zentrales Motiv
2.2 Strophe 1:	• Vorstellen der Stadt, der Stimmung in der Stadt und der Umgebung
2.3 Strophe 2:	• Ausführen der Stimmung in der Stadt durch weitere Informationen zur Umgebung
2.5 Strophe 3:	• Direkte Ansprache der Stadt; Offenlegung der Gefühle für diese
3. Schluss ✓	Fazit: intensive emotionale Beziehung des Ichs zur Stadt der Jugend trotz deren Trostlosigkeit – eine Art „Liebeserklärung"

2	1. Einleitung Titel, Autor, Textsorte, Jahr, Interpretationsthese	Das vorliegende Gedicht „Die Stadt" aus dem Jahr 1852 wurde von Theodor Storm, einem Vertreter des poetischen Realismus, verfasst. Darin schildert das lyrische Ich die triste und eintönige Atmosphäre einer Stadt, der es sich dennoch intensiv verbunden fühlt, da es mit ihr positive Jugenderinnerungen verknüpft.
3	Hauptteil Gedicht allgemein	Das beherrschende Raummotiv des Gedichts ist die Stadt. Dessen Ausgestaltung erfolgt in drei Strophen, von denen die ersten beiden eine Einheit bilden. In ihnen steht die äußere Beschreibung der Stadt, ihrer Atmosphäre und ihrer Umgebung im Mittelpunkt. Im Kontrast dazu rückt in der dritten Strophe, in der das lyrische Ich zum ersten Mal in Erscheinung tritt und die zuvor geschilderte Stadt direkt anspricht, die emotionale Bindung des Ichs an diese Stadt ins Zentrum. Formal sind die Strophen geprägt von vierhebigen (V. 1, 3 und 4) bzw. dreihebigen

	(V. 2 und 5) Jamben. Zusammen mit den durchgehend männlichen Kadenzen verleihen diese dem Gedicht eine monotone und schwere Grundstimmung. Ungewöhnlich ist das Reimschema: Es handelt sich um einen Kreuzreim, der in der Mitte um einen Vers erweitert wurde. Dies fördert ein langsames Lesen, da das Strophenende „hinausgezögert" wird, und unterstreicht dadurch die Stimmung des Gedichts – ebenso wie die mehrfach verwendeten identischen Reime (z. B. V. 1/4, 12/15: „Meer"; V. 2/5: „Stadt"; V. 11/14: „dir") die monotone Stadtatmosphäre klanglich stützen.
1. Strophe	Die erste Strophe vermittelt dem Leser erste Eindrücke von der Trostlosigkeit der im Mittelpunkt stehenden Stadt: Ihre Lage an der Küste macht sie nicht etwa zu einem freundlichen Urlaubsort. Vielmehr verdeutlichen die gewählten Adjektive wie „grau[ ]" (V. 1) oder „Eintönig" (V. 5), wie farblos und trist diese Stadt ist. Unterstrichen wird diese Charakterisierung der Stadt zum einen durch die Inversion (V. 1) und zum anderen durch die Tonbeugung von „Eintönig", die dieses Wort hervorhebt. Bei dem Begriff „drückt" (V. 3) handelt es sich um eine Metapher, da der gewichtslose Nebel eigentlich keinen Druck ausüben kann. Das lyrische Ich fasst hier die gedrückte Atmosphäre in ein Bild, das den unmittelbaren visuellen Eindruck des auf der Stadt liegenden Nebels widerspiegelt. Doch auch akustische Wahrnehmungen spielen in diesem Gedicht eine Rolle: Prägend sind die lauten Meeresgeräusche, die durch die Onomatopoesie „brausen" (vgl. V. 4) sinnlich erfahrbar werden.
2. Strophe	Die zweite Strophe intensiviert die Vermittlung der trübseligen Stadtatmosphäre. Sie knüpft insofern an die erste Strophe an, als es weiterhin um akustische Sinneseindrücke geht. Dabei beschreibt das lyrische Ich zunächst nur, was man in der Stadt nicht hören kann: Es ist kein Waldesrauschen wahrzunehmen und der Frühling (vgl. „Mai", V. 6) ist nicht von fröhlichem Vogelgezwitscher gekennzeichnet (vgl. V. 6 f.). Lediglich im Herbst kann man die Laute der Wandergans vernehmen. Doch diese sind – davon zeugt die Synästhesie „mit hartem Schrei" (V. 8) – nicht wohlklingend, sondern schrill und lärmend. Die wenig einladende Stimmung in der Stadt dauert, so lässt sich hier schließen, das ganze Jahr an. Abgeschlossen wird die zweite Strophe durch die erneute Nennung des charakteristischen Strandes (vgl. V. 1 und 10), durch die die äußere Beschreibung der Stadt in den Strophen 1 und 2 einen Rahmen erhält.

3. Strophe	Im Gegensatz dazu steht die dritte Strophe, in der das lyrische Ich den Blick ins eigene Innere richtet: Trotz der zuvor deutlich gewordenen Eintönigkeit und Trostlosigkeit empfindet es äußerst positive Gefühle für diese Stadt, die offenbar aus der Jugend herrühren. Der Kontrast wird schon durch das Wörtchen „Doch“ (V. 11) angedeutet, das in seiner Satzanfangsstellung den Perspektivwechsel besonders klar markiert. Dass es nun um die Innenwelt geht, macht sogleich die Verwendung des Symbols „Herz“ (V. 11) deutlich, das für das empfindende Zentrum des Ichs steht. Hierzu passt die nun emotionalere Sprechweise, die sich beispielsweise in der direkten Anrede der Stadt und in Wiederholungen wie „auf dir, auf dir“ (V. 14) äußert. Intensivierend wirkt hier auch die anaphorische Wiederholung der Ansprache der Stadt: „Du graue Stadt am Meer“ (V. 12, 15). Im Zentrum der Strophe steht die Wendung „Der Jugend Zauber“ (V. 13), die durch die Inversion (eigentlich: „Der Zauber der Jugend“) betont wird und die Besonderheit der aus jungen Jahren herrührenden Gefühle für diese Stadt in nur drei Worte fasst. Diese Gefühle werden durch das Wort „lächeln[ ]“, das als einziges eindeutig positives Verb des Gedichts hervorzuheben ist, noch unterstrichen. Verstärkende Wirkung haben auch die Abweichungen vom Metrum: Die Anfangswörter „Doch“ (V. 11), „Du“ (V. 12, 15) und „Ruht“ (V. 14) legen eine schwebende Betonung nahe, die der unmittelbaren Anrede der Stadt Nachdruck verleiht.
Schluss	Das Gedicht „Die Stadt“ von Theodor Storm kann als eine Art „Liebeserklärung“ des lyrischen Ichs an die Stadt seiner Jugend gelesen werden. Der Autor zeigt uns mit diesem Gedicht, dass es nicht Äußerlichkeiten sein müssen, die die Gefühle für einen Ort bestimmen, sondern dass hierfür auch bzw. vor allem innere Bedingungen (wie das Alter und Erlebnisse) maßgebend sein können. So schlicht das Gedicht auf den ersten Blick wirkt, als so durchdacht gebaut und rhetorisch gestaltet entpuppt es sich bei der näheren Betrachtung.

Hinweis zur Selbstbewertung: Es ist nicht entscheidend, dass du alle Punkte des Lösungsvorschlags auf diese Weise ausführst. Es sind durchaus andere Schwerpunktsetzungen möglich – so könnte man beispielsweise die Satzarten und -struktur mehr berücksichtigen und dafür die Inversionen weniger beachten. Um dich selbst zu bewerten, solltest du prüfen, ob du die Anforderungen beachtet hast, die du kennengelernt hast:

Einleitung

- Die Einleitung enthält alle wichtigen äußeren Informationen zum Text (Autor, Titel, Textsorte, Jahr). ✓ (1 P.)
- Die Einleitung gibt eine erste inhaltliche Orientierung bzw. stellt eine Interpretationsthese auf. ✓✓ (2 P.)
- Der Sprachstil ist sachlich. Es wird keine Umgangssprache verwendet. ✓ (1 P.)

Hauptteil

- Die Analyseergebnisse (zu Inhalt, Form und Sprache) werden miteinander verknüpft und dienen als Beleg für die Gesamtdeutung. ✓✓✓✓✓✓✓✓✓✓✓✓ (12 P.)
- Den wichtigen und aussagekräftigen Analyseergebnissen wird vor den unwichtigen und weniger aussagekräftigen der Vorzug gegeben. ✓✓ (2 P.)
- Der Hauptteil bleibt nah am Gedichttext. ✓✓ (2 P.)
- Es werden Fachausdrücke in korrekter Weise verwendet. ✓✓✓✓ (4 P.)
- Der Sprachstil ist sachlich. Es wird keine Umgangssprache verwendet. ✓✓✓ (3 P.)
- Es wird korrekt zitiert. ✓ (1 P.)

Schluss

- Der Schluss fasst die Interpretationsergebnisse (ggf. wertend) zusammen. ✓✓✓ (3 P.)
- Der Sprachstil ist sachlich. Es wird keine Umgangssprache verwendet. ✓ (1 P.)

5 Individuelle Überarbeitung. ✓✓

Glossar und Stichwortverzeichnis

Glossar

Analyse
Untersuchung eines Textes, bei der einzelne Bestandteile (wie Form, Sprache, Inhalt) systematisch betrachtet werden

Ästhetik
Lehre von der sinnlichen Wahrnehmung und Theorie von der Schönheit sowie von der Wirkung von Kunst

Fazit
Zusammenfassendes Ergebnis einer Schlussfolgerung (siehe auch Resümee)

Hypothese
Eine Annahme, die bislang noch nicht bewiesen ist, aber richtig sein könnte

Interpretation
Eine Auslegung, Erklärung oder Deutung eines Textes. Der Begriff wird sowohl für die analytische Arbeit am Text als auch für die konkrete schriftliche Ausarbeitung benutzt

Lyrik
Gesamtheit aller Gedichte. Ein einzelnes Werk aus der Lyrik wird als Gedicht bezeichnet

Metrik
Lehre von den Gesetzmäßigkeiten von Versen

Resümee
Zusammenfassendes Ergebnis einer Schlussfolgerung (siehe auch Fazit)

Syntax
Lehre vom Satzbau

These
Leitsatz oder eine noch zu beweisende Behauptung

Stichwortverzeichnis

Eure Lern**tipps** aus der Insta-Community

Chiara, 16

Verwendet Farben zum Lernen! Es wird viel übersichtlicher. Und wenn man den Lernzettel anschaut, ist man viel motivierter beim Lernen, weil er schön bunt ist.

Özgür, 20

Vergiss nicht, wie weit du bisher gekommen bist, und wie viel Potenzial in dir steckt.

Miriam, 18

Bewusst eine Auszeit zu nehmen ist effektiver, als alles nur aufzuschieben.